Hans-Joachim Hacker
Harry Hardenberg

Die Schwedenstraße

Die Schwedenstraße

Hans-Joachim Hacker

mit Fotografien
von Harry Hardenberg

HINSTORFF

Titel: Ausschnit aus der Pommernkarte des I. G. F. Blaeu, 1649
Frontispiz: Stralsunder Stadtwappen aus der Schwedenzeit. Der schwedische König Friedrich I. erhob 1720 die Mitglieder des Stralsunder Rates in den Adelsstand und verlieh das abgebildete Wappen.

Bildnachweis:
Stadtarchiv der Hansestadt Stralsund: S. 66, 76/77, 92/93, 95
Tourismusbüro Gemeinde Großbeeren: S. 52
Alle anderen Aufnahmen: Harry Hardenberg, Stralsund

Bibliographische Information Der Deutschen Bibliothek
Die Deutsche Bibliothek verzeichnet diese Publikation in der Deutschen Nationalbibliographie; detaillierte bibliographische Daten sind im Internet über http//dnb.ddb.de abrufbar.

Lagerstraße 7, 18055 Rostock
Tel. 0381 / 49 69 - 0
Internet: http://www.hinstorff.de

1. Auflage 2003

Herstellung: Hinstorff Verlag GmbH
Lektorat: Thomas Gallien
Druck und Bindung: Neumann & Nürnberger, Leipzig
Printed in Germany
ISBN 3-356-00961-3

Inhalt

Die Schwedenzeit –
eine historische Einführung Seite 7

Die Schwedenstraße –
auf den Spuren der Schwedenzeit Seite 35

FEHRBELLIN Seite 36

GADEBUSCH Seite 40

GREIFSWALD Seite 42

GROSSBEEREN Seite 53

PRENZLAU Seite 55

RÜGEN Seite 60

STRALSUND Seite 67

WISMAR Seite 83

WITTSTOCK Seite 91

WOLGAST/PEENEMÜNDE Seite 99

Das Internetportal Seite 108

Die Schwedenzeit – eine historische Einführung

Zu Beginn des 17. Jahrhunderts stieg eine europäische Monarchie zur Großmacht auf – Schweden. König Gustav II. Adolf legte durch die von ihm betriebene Politik und seine militärischen Erfolge den Grundstein hierfür. Nach seinem Sieg über Russland erhielt Schweden durch den Frieden von Stolbowa 1617 Ingermanland und Ostkarelien. Russlands Zugang zur Ostsee war damit abgeschnitten. Im Kampf mit Polen eroberte er 1621 Riga und damit auch Livland. Die in den neu gewonnenen Häfen erhobenen Seezölle stellten eine wichtige Einnahmequelle dar.

Schweden war im Kampf um das „Dominium maris Baltici" – die Ostseeherrschaft – den anderen Ostseeanrainern ein wesentliches Stück voraus. Zwei Begriffe stehen für diese und die nachfolgende Zeit in der schwedischen Historie – *Stormaktstid* und *Frihetstid*. Die „Großmachtzeit" und die „Freiheitszeit" hatten direkten Einfluss auf die deutsche Geschichte, vor allem im norddeutschen Raum. Wie kam es dazu und wie sah dieser Einfluss aus?

1618 begannen, erst weit entfernt von der Ostseeküste, im Böhmischen, die Auseinandersetzungen, die später als der „Dreißigjährige Krieg" in die Geschichte eingingen. Als kaiserliche Truppen 1627 in Pommern einquartiert werden sollten und Stralsund sich weigerte, dies trotz landesfürstlicher Kapitulation zu tun, zeichneten sich ernsthafte Konflikte ab. Der Feldherr des Kaisers, Wallenstein, ordnete die Belagerung der Stadt an. Diese suchte daraufhin bei den Königen von Dänemark und Schweden um Hilfe nach und bekam sie umgehend. Ein Grund dafür bestand darin, dass beide Könige sich mit ihrer Politik gegen die des deutschen Kaisers, Ferdinand II., wandten. Der Einsatz dänischer und schwedischer Soldaten führte dazu, dass Wallenstein schmachvoll von dannen ziehen musste. Schwedischerseits sah man eine gute Gelegenheit, den Fuß auf europäisches

Der Allianzvertrag zwischen dem Königreich Schweden
und der Stadt Stralsund, 25. Juni 1628

Schweden Gothen vnd Wenden König Groß

rc. Thuen hiemit allen vnd iden so es vonnöthen, kundt vnd zu wissen, Demnach in [illegible] tarius vnd lieber getreuer Philip Sattler [illegible] eine Alliance vnd Vereinigung [illegible] folgender weise getroffen vnd aufgerichtet, Daß Wir [illegible] allen ihren puncten vnd clausulen von wort zu wort lautet, alhier widerholet vnd in krafft dieses ratificiret vnd [illegible] einen oder anderen theile länger also zu continuiren nicht gefallen würde eine [illegible] Alliance vnd Verbündt [illegible] aufgerichtet werden; Zum andern soll diese alliance zur defension der Statt vnd ihres [illegible] vnd consequentlich ihrer [illegible] selbst erfordert, auch zu erhaltung freyer vnverhinderter commercien gemeinet, zu welchem end einer deß andern nachtheil nach besten vermügen abwenden [illegible] vnd Zum dritten soll diese alliance nicht præjudiciren [illegible] ischen Reichs auch ihrer vnmittelbahren Landtsfürstlichen Obrigkeit [illegible] statuten, jurisdiction, Gerechtigkeiten vnd alten herkommen, Jedoch alles salvo præsenti fœdere. Zum Vierdten sollen vnd [illegible] vnd alle mügliche mittel vnd wege zum förderlichsten [illegible] so in der güte als [illegible] zu defendiren vnd zu schützen. Zum Fünfften soll Vns vnd der Cron Schweden die Statt Stralsundt zu ihrer assistentz thun, vnd von Vns vnd der Cron Schweden keines wegs abtretten, sondern beständig bey Vns verbleiben [illegible], vnd daß Wir vnd die Cron Schweden mit darin begriffen sein, vnd also dieses succurs halben kein nachtheil oder [illegible] foedera, welche die auch sein mögen, nichts præjudiciren, noch dieselben zu [illegible] in contrarium allegiret werden, [illegible] sein, dahin zu trachten, wie die andern [illegible] auch [illegible] werden [illegible] zu ihrer [illegible] anden. [illegible] von Vns der Statt [illegible] Succurs der [illegible] Mann, vnd da [illegible] Zum achten [illegible] dahin zu trachten, wie die Statt [illegible] werden könte, soll die Statt [illegible] Armee [illegible] folgen lassen; Zum neundten Da die notturfft erfordert, daß Vnsere Schiff in der [illegible] vnd die notturfft vmb ihre bezahlung gefolget werden, Zum Zehenden Soll in diesem Werck auch jeder [illegible] Wir Vns vnd Vnserem Volck zu dero notturfft vnd soviel ohne der Statt [illegible] sein kan, [illegible] Privilegien, Jurisdiction, gerechtigkeit, alten herkommen vnd gütern nicht allein nicht [illegible], sondern [illegible] der von Vnseren Antecessoren [illegible] privilegien der Statt gravamina in [illegible] wege [illegible] hier in einige wege einige differentz zwischen Vns vnd der Statt Stralsundt [illegible] der Hochmögenden Herren Staden General der vereinigten Niederlanden vnd [illegible] vnd Communen zutretten wollen, sollen dieselben auf billiche mittel vnd beyder theile belieben [illegible] vorbehalten bleibet. [illegible] Wir [illegible] alles in krafft dieses [illegible] Successorn vnd der Cron Schweden [illegible] gehalten werden soll [illegible] in Vnserm Feldtläger bey Dirschaw den XXV Julij im M. DC. XXVIII. [illegible]

Gedenkplatte für den Schwedenkönig Gustav II. Adolf an der Nikolaikirche in Greifswald

Festland zu setzen. Sanktioniert wurde das Vorhaben durch den mit der Hansestadt Stralsund geschlossenen Allianzvertrag vom Juni 1628. Der schwedische Reichskanzler Oxenstierna erklärte hierzu: *Der König von Schweden sei durchaus nicht Willens, durch die Stralsunder Hülfeleistung sich in den deutschen Krieg zu mischen, sondern nur auf sein eigenes Interesse an den Meerporten ein wachsames Auge zu haben und das benachbarte und befreundete Stralsund in Freiheit zu erhalten.*

Nach intensiver Beratung beschloss im Januar 1629 der schwedische Reichsrat die Eröffnung eines Angriffskrieges gegen das Deutsche Reich. Von diesem Tag an wurde die Invasion sorgfältig vorbereitet, wartete man auf den geeigneten Augenblick, die Soldaten in Bewegung zu setzen.

Das KRIEGSMANIFEST König Gustav II. Adolf lieferte die Begründung seines Kriegseintritts, es erschien 1630 allein in 20 Auflagen und 23 verschiedenen Drucken. Am 6. Juli landete er mit seiner Armee – 13 593 Mann, davon 10 413 Fußsoldaten, 2755 Reiter und 425 Artilleristen – bei Peenemünde auf der Insel Usedom. Die Truppen kamen schnell voran, sodass sich der König bereits am 1. September im Stettiner Schloss des pommerschen Herzogs Bogislaw XIV. aufhielt. Gustav Adolfs Ziel bestand darin, ähnlich wie zuvor mit Stralsund, eine Allianz mit dem Pommernherzog zu schließen. Die zähen Verhandlungen, auf pommerscher Seite wollte man so wenig wie möglich Zugeständnisse machen, waren erst im September abgeschlossen. Man datierte den Vertrag jedoch auf den 10. Juli zurück, um zu zeigen, dass gleich Einigkeit erzielt worden sei. Damit hatte Gustav Adolf eine gute Operationsbasis erreicht. Er konnte nun in Pommern Truppen werben, Kriegsgerät sammeln und das Herzogtum bei etwaigen Niederlagen als Rückzugsgebiet nutzen.

Außer Stralsund, das sich ja bereits seit zwei Jahren in schwedischer Hand befand, war nun das weitere pommersche Territorium von der kaiserlichen Besetzung zu befreien. Als letzte Stadt wurde, erst im Juni 1631, Greifswald eingenommen.

Um die weitere Kriegsteilnahme finanzieren zu können, schloss Schweden im Januar 1631 in Bärwalde einen Vertrag

Oben: Radschlosswallbüchse aus dem Jahr 1634; links: Waffen, Harnisch und Helm aus der Zeit des Dreißigjährigen Krieges (Museum des Dreißigjährigen Krieges in Wittstock)

mit Frankreich. Dieser sicherte für die folgenden sechs Jahre jährlich 1 Million Livres, bei Unterhaltung eines schwedischen Heeres von 34 000 Mann in Deutschland. Die schwedische Armee kämpfte in den folgenden Monaten sehr erfolgreich und nahm unter anderem Neubrandenburg, Frankfurt an der Oder, Prenzlau und Magdeburg ein.

Am 11. September 1631 schlossen Sachsen und Schweden ein Bündnis, nachdem der kaiserliche Feldherr Tilly in Sachsen eingefallen war. Beide Armeen vereinigten sich und standen am 17. September dem Heer der Liga, der Vereinigung katholischer Fürsten unter Tilly, bei Breitenfeld gegenüber. Der Kampf endete mit einem grandiosen Sieg Gustav Adolfs.

Das war für ihn Veranlassung genug, seinen Vormarsch fortzusetzen. Seine Truppen besetzten nun Erfurt sowie Würzburg und schlugen spanische Truppen bei Oppenheim. Den Winter verbrachte Gustav Adolf in Mainz und Frankfurt am Main. Am 31. März 1632 zog er siegreich in Nürnberg und am 15. Mai ebenso in München ein. Im September brach er sein Lager bei Nürnberg ab, um in Schwaben und Franken Winterquartier zu nehmen.

Der Einfall Wallensteins in Sachsen veranlasste Gustav Adolf aber, seine Pläne zu ändern. Er folgte diesem. Am 16. November kam es zur folgenschweren Schlacht bei Lützen. In deren Verlauf fiel der Schwedenkönig, was sich sehr nachteilig auf Schwedens Lage auswirkte, da der Monarch zum einen niemanden in seine Pläne eingeweiht hatte und zum anderen seine Nachfolgerin noch minderjährig war. Die Regentschaft für die sechsjährige Thronfolgerin Christina übernahmen Vertreter des Hochadels unter der Führung des Reichskanzlers Axel Oxenstierna, der als engster Vertrauter des Verstorbenen galt.

Der 10. Artikel des Westfälischen Friedens legte am Ende des Dreißigjährigen Krieges für Schweden und damit auch für deutsche Gebiete fest, dass es *nachfolgende Landschaften, mit allen Rechten, zu einem immerwährenden und unmittelbaren Reichs-Lehn* erhielt: Vorpommern mit der Insel Rügen; in Hinterpommern die Städte Stettin, Gartz, Damm, Gollnow und die Insel Wollin, die Oder, das Frische Haff mit den Flüssen Peene, Swine und Dievenow; Stadt und Hafen Wismar; das Erzbistum Bremen und das Bistum Verden. In Durchführung des Westfälischen Friedens kam es 1653, am 14. Mai, zum Abschluss des „Stettiner Grenzrezesses". Dieser Vertrag regelte die Grenzziehung zwischen Schwedisch-Pommern und dem brandenburgischen Pommern auf dem östlichen Oderufer.

Schweden stellte als ein Sieger des Dreißigjährigen Krieges zweifellos eine europäische Großmacht dar. Deren nun betriebene Politik nahm direkten Einfluss auf die neuen deutschen Besitzungen, besaßen sie doch für Schweden eine hochwichtige Brückenkopffunktion. Im schwedischen Teil Pommerns galt es zunächst, die rechtlichen, ökonomischen und militärischen Grundlagen für eine Herrschaft zu schaffen. Hierzu wurde eine Einrichtungskommission berufen. Doch die friedliche Entwicklung wurde schon bald wieder unterbrochen.

Der nach der Abdankung von Königin Christina die Herrschaft übernehmende Karl X. Gustav begann 1655 den sogenannten schwedisch-polnischen Erbfolgekrieg gegen Polen, weil König Johann II. Kasimir ihn als Thronfolger nicht anerkannte. Im Frieden von Oliva 1660 entsagte Polen allen Ansprüchen auf den schwedischen Thron. Estland und Livland wurden als schwedischer Besitz bestätigt. Von dieser Auseinandersetzung wurde auch Schwedisch-Pommern betroffen. Einerseits durch die polnischen Einfälle mit Plünderungen in den Städten Pasewalk, Stettin, Anklam, Stolp sowie Stargard und andererseits durch die Forderungen nach Bereitstellung von Proviant, Fahrzeugen und durch Söldnerwerbungen.

Da Karl X. Gustav – achtunddreißigjährig – bereits 1660 verstarb, stellte sich berechtigterweise die Frage nach der Ausrichtung der künftigen schwedischen Politik, denn sein Sohn konnte als Minderjähriger nicht regieren. Folglich wurde eine Vormundschaftsregierung eingesetzt. Sie versuchte, die eroberten Gebiete und die erreichte Position zu halten, ohne an deren Ausbau zu denken.

Erst 1672 übernahm der nun siebzehnjährige Karl XI. die Regierungsgeschäfte. Noch im gleichen Jahr schloss er ein Bündnis mit Frankreich. Mit Hilfe französischer Gelder konnte die Armee beträchtlich aufgerüstet werden. Als Gegenleistung wurde von Schweden die Unterstützung französischer Interessen erwartet. Konkret hieß das, dass Schweden Brandenburg angreifen sollte, um so die am Rhein gegen Frankreich stehende brandenburgische Armee zu zwingen, sich auch gegen die neue Front zu wenden. Die aus etwa 15 000 Mann bestehende Feldarmee stand in Vorpommern unter dem Oberbefehl des Reichsfeldherrn Carl Gustav Wrangel. Im Dezember 1674 rückte sie in Brandenburg ein, ohne auf große Gegenwehr zu stoßen. Was nun geschah, erinnert an die Geschehnisse des Dreißigjährigen Krieges. Die Soldatesca zeigte sich zügellos. Als der brandenburgische Kurfürst Friedrich Wilhelm die Nachricht vom schwedischen Einmarsch und dem Verhalten der Soldaten erhielt, war seine Verbitterung sehr groß. Sobald es die Situation am Rhein zuließ, verlegte er seine Truppen in Eilmärschen, um den schwedischen Einfall zurückzuschlagen. Bei Fehrbellin kam es am 18. Juni 1675 zur Schlacht zwischen Branden-

Landung der Brandenburger auf der Insel Rügen, 1678

o Chur-Brandenburg die Königsmarkische Atta
bris 1678 ans landt gesetzt in Battalien gestelt
Schantz zu Verfolget haben, so geschehen d. 13. 14. 7bris. 1678
Schiff Flot
hten flügel Comantirt durch den H: General Mayor Schöning . C der lincke flügel
Garde . 4 . Barfus . 5 . Schöning . 6 . Luneburgische Comentirte . 7 . Holstein . 8 feldt.
4 . Goltze . 15 . Fergel . 16 . Anhalt . 17 . Treffenfeld . 18 . Leibreg . 19 Feldtmarschall.
. 23 . Retrenchement umb den Rechten flügel . 24 . der schweden flüchtige trouppen . 25 Schwedische stucke

burg und Schweden. Obwohl in Anzahl und Ausrüstung überlegen, musste Schweden eine Niederlage hinnehmen. Die in Auflösung befindlichen Truppen flohen nach Pommern, in erster Linie in Richtung Stralsund, der letzten und sichersten Festung des Königreiches auf deutschem Boden. Der Kurfürst folgte ihnen, nahm Wollin und Wolgast ein.

Den Schweden erwuchs zudem ein zweites Problem, da es durch das auf Einflussgewinn hoffende Dänemark den Krieg erklärt bekam.

In den folgenden Jahren eroberten die brandenburgischen Truppen ganz Schwedisch-Pommern. Im Frieden von St. Germain wurde im Juni 1679 zwischen Brandenburg und Schweden dessen Verzicht auf die Seezölle und einen Landstrich auf dem östlichen Oderufer festgelegt. Trotz seiner Niederlage erhielt Schweden jedoch Schwedisch-Pommern zurück. Dies war auf die geschickte Diplomatie des Büdnispartners Frankreich zurückzuführen. Trotzdem verabschiedete sich mit diesem Friedensschluss Schweden aus dem Kreis der europäischen Großmächte.

Karl XI. hatte in seinem eigenen Land genug zu tun, waren doch die Finanzen, die Festungen und manch anderes in Ordnung zu bringen. Über den Weg der Reduktionen, der Zurücknahme einst verschenkter Krongüter, versuchte er die finanzielle Lage zu verbessern und die Macht des Adels zu mindern. Diese Maßnahme griff auch in Schwedisch-Pommern. In den folgenden Friedensjahren gelang es Karl XI. tatsächlich, die Wirtschaft zu beleben.

1697 bestieg sein Sohn Karl XII. den Thron. Drei Jahre später stand diesem ein Bündnis – bestehend aus Russland, Polen-Sachsen und Dänemark – gegenüber, wobei jeder Partner sein eigenes Ziel gegen Schweden verfolgte, in der Gemeinsamkeit aber größere Erfolgsaussichten sah. Karls Sieg 1700 bei Narwa über einen scheinbar übermächtigen russischen Gegner setzte ein Zeichen. Die Sachsen wurden bei Riga geschlagen und August der Starke konnte aus Polen vertrieben werden.

Doch der junge Schwedenkönig begnügte sich nicht mit diesen Erfolgen. 1708 drang er in die Ukraine vor und ein

Jahr später kam es im Juni zur entscheidenden Schlacht bei Poltawa. Karl XII. musste sich dem russischen Zaren Peter I. geschlagen geben, woraufhin der Schwede in die Türkei floh. Eine Machtverschiebung zugunsten Russlands zeichnete sich in den nächsten Jahren ab. Am 7. September 1711 schrieb der Stralsunder Jürgen Drews in sein Tagebuch: *Der Feind rückt uns immer näher.* Ab Oktober wurde die Stadt dann auch tatsächlich belagert. 1713 schlossen sich Preußen und Hannover der antischwedischen Koalition an. Karl XII. traf nach einem 14tägigen Gewaltritt, aus der Türkei kommend, in Stralsund ein. Drews vermerkte am 22. November 1714 in seinem Tagebuch: *Ich muß allhier etwas höchsterfreuliches mitteilen, wie daß in dieser Nacht bei schönem hellen Mondschein Ihro königliche Maytt., unser hochgeliebter König und Herr zu aller Freude (nachdem er 5 Jahre zu Bender in der Türkei abwesend und in vielen Menschenaugen schon todt gewesen) gesund und glücklich allhier angelandet und gleich wie dero Reise incognito beliebet, also ist auch die Ankunft in aller Stille geschehen, jedoch am Morgen sofort durch die ganze Stadt bekannt geworden.*

Der Versuch jedoch, dem Feind vor Stralsund Paroli zu bieten, misslang. Karls abenteuerliche Flucht in der Nacht vom 21. zum 22. Dezember 1715 über das Eis des zugefrorenen Strelasundes zu einem wartenden Schiff setzte den Endpunkt seiner Aktivitäten auf dem europäischen Festland. Nun kapitulierte die Festung Stralsund. Rügen und Vorpommern befanden sich bis zur Peene in der Hand der Dänen, während der andere bisher schwedische Teil von den Preußen beherrscht wurde. Die pommerschen Stände huldigten 1716 dem dänischen König, Generalstatthalter wurde General Devitz.

Der Tod Karl XII. am 11. Dezember 1718 bei der Belagerung der norwegischen Festung Frederikshald beendete nicht nur sein Leben, sondern auch endgültig die *Stormaktstid.* Schweden wurde zu mehreren Friedensschlüssen gezwungen, die wenig von der einstigen Größe erkennen ließen. So kam es am 21. Januar 1720 zum Stockholmer Frieden mit den Preußen. Für Schweden hieß es, Stettin und den Distrikt

Uniform des Leib-Regiments der schwedischen Königin, 1730

zwischen Oder und Peene, den Inseln Wollin und Usedom, der Oder, dem frischen Haff und den Mündungen der Swine und Dievenow abzutreten. Von Preußen erhielt es 2 Millionen Reichstaler. Als Grenze wurde die Peene bestimmt, welche beiden Mächten gemeinschaftlich gehören sollte.

Schweden und Dänemark schlossen am 3. Juli 1720 Frieden zu Frederiksborg. Durch diesen erhielt Schweden Rügen und Vorpommern bis an die Peene sowie Wismar zurück. Im Gegenzug bekam Dänemark für getragene Kriegslasten 600 000 Reichstaler.

Für Schwedisch-Pommern wurden durch den Schwedenkönig Friedrich I. am 18. Dezember 1720 die Landesprivilegien bestätigt. Dänemarks Monarch entband am 17. Januar 1721 die pommerschen Stände und Untertanen von ihren Pflichten ihm gegenüber und verwies sie an den schwedischen König. Dessen Statthalter wurde Graf Johann August Meyerfeldt, der mit dem Regierungskollegium seinen Sitz in Stralsund nahm. Die Verwaltung des Landes blieb im Wesentlichen so, wie sie nach dem Dreißigjährigem Krieg eingerichtet worden war. Das Gebiet wurde in 7 Distrikte eingeteilt: Wolgast, Greifswald, Loitz, Grimmen, Tribsees, Franzburg-Barth und Rügen, von denen jeder in einen Amts- und einen adligen Bezirk zerfiel. Das Tribunal zu Wismar nahm seine Arbeit wieder auf. Die Rüganer beantragten 1721 die Wiedereinrichtung eines Landvogteigerichtes auf der Insel, um nach alter Sitte von einem Adligen aus ihrer Mitte gerichtet zu werden. Der König entsprach ihrem Begehren.

Am 21. Dezember 1722 huldigten die pommerschen Stände in Stralsund ihrem neuen Landesherren in der Hoffnung auf einen dauerhaften Frieden. Und tatsächlich: In Schwedisch-Pommern konnte man während der Regierung Friedrichs I. von 1718 bis 1751 wieder Atem schöpfen. Und so überrascht es nicht, dass der König *von allen Einwohnern Beweise ihrer Ehrfurcht und aufrichtigen Liebe* erhielt, als er 1731 während einer Reise einen Tag in Stralsund verweilte.

Der wirtschaftliche Aufschwung kam zum einen dadurch zustande, dass Pommern einschließlich Rügen als Produzent landwirtschaftlicher Produkte diese an kriegführende

Mächte gewinnbringend verkaufte und zum anderen sich auch der sonstige Handel positiv entwickelte. Verheerend wirkte sich hingegen die 1740 in ganz Europa wütende Viehseuche aus.

Der Nachfolger Friedrichs I., Adolf Friedrich, bestätigte 1752 die Privilegien des Landes. Die Landstände huldigten ihm am 23. Oktober 1754 in Stralsund. Für ihn und sein Reich war die friedliche Zeit aber bald vorbei. Der König sah sich durch seine engen Verbindungen zu auswärtigen Kabinetten gezwungen, in den 1756 ausgebrochenen Siebenjährigen Krieg einzugreifen. Zunächst entsandte er eine Observationsarmee nach Pommern, die angeblich allein dazu beitragen sollte, die Ruhe in Deutschland wiederherzustellen. Sie setzte sich aus den einheimischen deutschen vier Infanterieregimentern, die in Stralsund in Garnison standen, aus dreizehn schwedischen Regimentern Infanterie und aus sechs Regimentern Kavallerie zusammen, die Gesamtstärke betrug etwa 16 000 Mann. Deren Zustand, die Ausrüstung und Verpflegung sollen jammervoll gewesen sein. Der alte kriegerische Geist scheint zwar nicht erloschen gewesen zu sein, aber unter den kümmerlichen Verhältnissen so niedergedrückt, dass mit dem Heer nicht viel zu leisten war. Zudem traten die Pommern den Schweden ziemlich feindlich entgegen, da sie sich durch die Einquartierung der fremden Truppen schwer belastet fühlten und zum großen Teil dem Krieg gegen Preußen abgeneigt waren.

Mit der Überquerung der Peene durch die schwedische Armee 1757, unter dem Befehl des Grafen Hamilton, und der Besetzung der preußischen Städte Anklam, Usedom und Demmin begann eine Zeit des Hin und Her von Truppen und kriegerischen Auseinandersetzungen. So konnten die schwedischen Soldaten zunächst ungehindert bis in die Uckermark weiterziehen, da dieses Gebiet durch Preußen

Rechts: Gedenktafel im Universitätsgebäude Greifswald aus dem Jahr 1753 zur Erinnerung an die zwischen 1747 bis 1750 erfolgte Errichtung des Gebäudes nach Plänen von Andreas Mayer

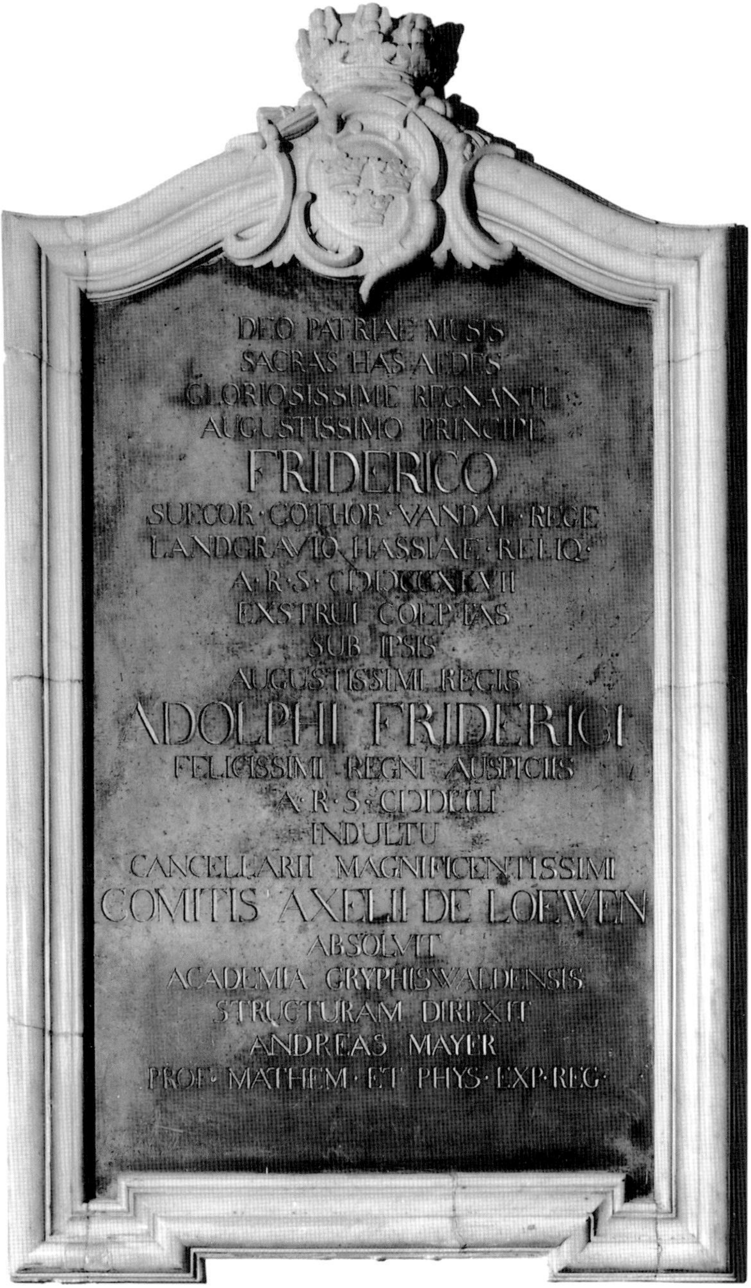
DEO PATRIAE MUSIS
SACRAS HAS AEDES
GLORIOSISSIME REGNANTE
AUGUSTISSIMO PRINCIPE
FRIDERICO
SUECOR·GOTHOR·VANDAL·REGE
LANDGRAVIO HASSIAE·RELIQ·
A·R·S·CIƆIƆCCXLVII
EXSTRUI COEPTAS
SUB IPSIS
AUGUSTISSIMI REGIS
ADOLPHI FRIDERICI
FELICISSIMI REGNI AUSPICIIS
A·R·S·CIƆIƆCCLI
INDULTU
CANCELLARII MAGNIFICENTISSIMI
COMITIS AXELII DE LOEWEN
ABSOLVIT
ACADEMIA GRYPHISWALDENSIS
STRUCTURAM DIREXIT
ANDREAS MAYER
PROF·MATHEM·ET PHYS·EXP·REG·

nicht gesichert war. Preußens König Friedrich II. erkannte die drohende Gefahr, sammelte seine eigentlich gegen Russland stehenden Truppen und wandte sich gegen die Schweden. Diese zogen sich gleich wieder über die Peene zurück. Nun waren es die Preußen, die in Schwedisch-Pommern einrückten und bei Greifswald ihr Hauptquartier nahmen. Um seine Mannschaften unterhalten zu können, schrieb Friedrich II. Kontributionen aus, die die Bevölkerung stark belasteten. Noch im Winter 1758 eroberten die Preußen die Peenemünder Schanze. Da Hinterpommern von den Russen bedroht wurde, musste Friedrich Schwedisch-Pommern erst einmal verlassen und seine Armee nach Osten führen. Es folgte der nächste schwedische Angriff, bei dem die Truppen bis in die Mark Brandenburg vordrangen. Hatten die Preußen Kontributionen verlangt, erließen die Schweden im Feindesland Steuern. Die preußische Seite musste reagieren und entsandte ein Korps von 8000 Mann aus Sachsen kommend gegen Schwedisch-Pommern. Wieder wurden Anklam und Demmin eingenommen. Da ein weiteres Mal die Anwesenheit auf anderen Kriegsschauplätzen erforderlich wurde, zogen die Truppen aber bald wieder ab. Das Jahr 1758 endete mit einem erneuten Einfall der Preußen unter Graf Dohna. Er kam bei Damgarten über die Recknitz, belagerte Demmin und Anklam, wandte sich dann aber nach Schlesien. Auch in der Folgezeit ging das Hin und Her zwischen Schweden und Preußen weiter. 1760 marschierten Preußen unter General Manteufel in Schwedisch-Pommern ein, doch die Schweden unter General Lantingshausen traten ihnen erfolgreich entgegen, sodass sie sich nach Anklam zurückzogen. Nun verlangten die Schweden den Abriss der Brücke über die Peene bei Anklam, was durch die preußische Seite akzeptiert wurde. Nach dem Vormarsch der Schweden im Sommer 1760 bis in die Uckermark kam es am 3. Oktober 1760 zu einem größeren Gefecht. Trotz eines Sieges zogen sich die Schweden aber wieder nach Schwedisch-Pommern zurück. Das Jahr 1761 brachte wiederum Geplänkel zwischen den Parteien, die aber mehr die Bevölkerung belasteten, als dass sie kriegsentscheidenden Charakter trugen.

Nach dem Sieg der Schweden am 2. Januar 1762 bei Neukalden schlossen die befehligenden Generale die Übereinkunft, dass die Armeen jeweils im eigenen Land die Winterquartiere beziehen sollten. Der Tod der Zarin Elisabeth am 5. Januar 1762 brachte Peter III. auf den russischen Thron. Er schloss sofort Frieden mit Preußen. Am 22. Mai 1762 folgte in Hamburg der Friedensschluss zwischen Schweden und Preußen. Schweden gab die besetzten Plätze jenseits der Peene an Preußen zurück und die Peene wurde wieder zum Grenzfluss.

In den folgenden Jahren war in Schwedisch-Pommern ein leichter wirtschaftlicher Aufwärtstrend zu verspüren, der unter anderem in der Belieferung der kriegführenden Parteien England und Nordamerika seine Ursache hatte. Dies änderte jedoch wenig daran, dass Pommern sich nur langsam von den Kriegsereignissen erholte. Das Bauernlegen fand in immer größerem Unfang statt und verschlechterte somit die Lage der ohnehin armen Bevölkerungsschicht.

1771 bestieg Gustav III. den schwedischen Thron. Die pommerschen Landstände huldigten ihm im September 1772 durch schriftliche Erklärung an die königliche Regierung in Stralsund.

Auch die Huldigung für seinen Nachfolger Gustav IV. Adolf erfolgte auf die gleiche Weise. Mit seiner Person verbindet sich ein Ereignis, das die heutigen Medien sicherlich in allen Facetten ausgekostet hätten. Was war geschehen?

Der Schwedenkönig verlobte sich 1797 mit der Erbprinzessin Friederika Dorothea Wilhelmina von Baden. Bei der Verlobung in Erfurt war verabredet worden, dass die Braut Anfang Oktober in Pommern eintreffen sollte. Dazu reiste ein Teil des Hofstaats aus Stockholm nach Stralsund. Hier war die Trauung vorgesehen. Gustav IV. Adolf ließ sich aber pikanterweise durch den Baron Taube vertreten. Am 6. Oktober 1797 erfolgte die Vermählung in St. Nikolai. Vom Regierungspalais bis zur Kirche war die Badenstraße mit Brettern belegt worden, die mit blauem Tuch bedeckt waren. In der Kirche selbst hatte man neben der Kanzel eine Erhöhung von zwei Stufen angebracht und mit rotem Tuch beschlagen. Darauf war ein mit karmesinrotem Samt überzogener und mit goldenen Tressen besetzter Lehnstuhl platziert, über dem ein Thronhimmel vom selben Stoff hing. Diesem gegenüber stand ein ähnlicher Stuhl, jedoch nur auf ebener Erde, der gleichfalls mit rotem Tuch bedeckt war. Vor dem Altar lag ein Teppich von Silberstoff, auf den zwei mit gleichem Stoff beschlagene Betschemel gestellt waren.

Um zehn marschierten die beiden Garnisonregimenter auf und bildeten von der Treppe des Regierungspalais bis zu St. Nikolai ein Spalier. Zwischen elf und zwölf Uhr fand sich Baron Taube im Regierungspalais ein. Im Beisein der Erbprinzessin, der badischen Minister, des Generalgouverneurs und weiterer Zeugen wurden der Ehevertrag und die Vermählungsurkunden unterschrieben, gesiegelt und ausgetauscht. Anschließend folgte die Trauungszeremonie in der Nikolaikirche. Sie wurde vom Generalsuperintendenten Dr. Schlegel, auf ausdrücklichen Befehl nach schwedischem Ritual, durchgeführt. Während des Wechselns der Ringe feuerte man 256 Kanonenschüsse ab. Am Abend wurde ein *Kunstfeuerwerk* in der Tribseervorstadt auf Kosten der Ritterschaft veranstaltet. Zwei Tage später folgte die Abfahrt nach Schweden. Damit endete ein nicht ganz alltägliches Ereignis.

Gustav IV. Adolf unternahm im Juli 1803 eine als Familienbesuch deklarierte Reise nach Karlsruhe, wo er sich 19 Monate aufhielt. Während dieser Zeit verhandelte er mit Österreich und dem napoleonischen Frankreich, ohne eine eindeutige Stellung gegenüber Frankreich zu beziehen. Erst nach der Hinrichtung des Prinzen von Enghien 1804 auf Napoleons Befehl ergriff der schwedische König Partei gegen den französischen Kaiser. Er vereinigte sich 1805 zur Wiederherstellung des europäischen Gleichgewichts mit England, Russland und Österreich gegen Frankreich. Preußen verhielt sich neutral, was zu Spannungen im Verhältnis zu Schweden führte. Zunächst rief der Schwedenkönig seinen Botschafter aus Paris zurück, woraufhin auch der französische Stockholm verließ.

Als Gustav IV. Adolf im Februar 1805 nach Schweden zurückkehrte, standen die Zeichen auf Krieg. In Schonen wurden Truppen zusammengezogen, um dann nach Pommern geschickt zu werden. In Übereinstimmung mit den befreundeten Mächten landete Anfang Oktober ein russisches Armeekorps an den Küsten von Schwedisch-Pommern und Rügen. Den Oberbefehl übernahm der König von Schweden selbst. Das russisch-schwedische Armeekorps konnte aber nichts Bedeutendes bewirken, da Preußen durch seine neutrale Haltung die Ruhe Norddeutschlands zu sichern suchte. Das schwedische Hauptquartier befand sich in Greifswald, wo sich auch der König aufhielt. Zur Sicherung des Landes beschloss er, eine pommersch-rügische Landwehr zu errichten, und erließ am 30. April 1806 eine dementsprechende Verordnung. Den pommerschen Landständen gefiel dies nicht und sie drohten sogar damit, vor deutschen Reichsgerichten zu klagen. Die Widerspruchshaltung blieb ohne Erfolg, die Landwehr trat zusammen. Am 18. Juni entließ der König die bisherige pommersche Regierung und erklärte den königlichen Generalstatthalter von Essen zum alleinigen Vollstrecker seiner Befehle. Eine Woche später erging von ihm eine an von Essen gerichtete Verordnung zur Aufhebung der bisherigen Verfassung Pommerns. Es folgten weitere von ihm in Greifswald erlassene Verordnungen, darunter die zur Rechtspflege in den deutschen Staaten bis zu der am 1. September 1807 bevorstehenden Einführung des schwedischen Reichsgesetzbuches, die über die Aufhebung der Leibeigenschaft in den deutschen Staaten, eine zur Einteilung Pommerns und Rügens in vier Ämter und schließlich eine zum Kirchenwesen sowie der Priesterschaft in den deutschen Staaten, nach Maßgabe der schwedischen Kirchenverfassung.

Nach der von Preußen am 14. Oktober 1806 verlorenen Schlacht bei Jena/Auerststädt zogen sich Teile der Armee, unter Führung des Prinzen von Hohenlohe, nach Prenzlau und Anklam zurück und drangen von dort in Schwedisch-Pommern ein, um die Insel Usedom zu erreichen und sich irgendeinem preußischen Korps wieder anschließen zu können. Der Krieg marschierte auf Pommern zu! In dieser Situation erhielt der schwedische König von der französischen

AVIS

Regierung einen förmlichen Friedensvorschlag. Hiermit verbunden waren aber gleich mehrere Offerten: Schweden sollte neben Pommern ein weiteres Gebiet erhalten. Die bei Lübeck in Kriegsgefangenschaft geratenen Schweden wollte man wieder freilassen, wenn Schweden sich verpflichtete künftig neutral zu bleiben. Der schwedische König hatte seine antifranzösische Haltung aber bereits zuvor demonstriert und verwarf deshalb alle Angebote. Nun war es nur noch eine Frage der Zeit, wann die Franzosen antworten würden. Am 28. Januar 1807, morgens um 6 Uhr, überquerte der französische Marschall Mortier mit seinem Armeekorps von 10 000 bis 12 000 Mann bei Demmin und Anklam die Peene und drängte die schwedischen Truppen bis nach Stralsund zurück. Für eine erfolgreiche Belagerung reichten seine Kräfte aber nicht, zumal es an Geschützen fehlte. Nachschub war in Anbetracht der schlechten Wege nicht schnell herbeizuschaffen. Als Teile der französischen Truppen abgezogen wurden, unternahm Generalgouverneur von Essen am 1. April 1807 mit seinen Soldaten einen Ausfall und zwang die Franzosen zum Rückzug bis nach Greifswald und einen Tag später sogar zurück über die Peene bis Anklam. Am 18. April 1807 kam es zu einem Waffenstillstandsabkommen zwischen Mortier und von Essen.

Der schwedische König und der französische Marschall Brune trafen sich am 4. Juni 1807 zu Friedensverhandlungen, die allerdings erfolglos blieben. Das Ergebnis bestand vielmehr darin, dass der Waffenstillstand durch Schweden aufgekündigt wurde. Daraufhin rückte am 13. Juli 1807 Brune mit einem Armeekorps von ca. 60 000 Mann bei Anklam, Damgarten und an anderen Stellen in das schwedische Pommern ein. Die schwedischen Truppen hatten sich zuvor schon bis nach Stralsund zurückgezogen. Die noch unter dem Oberbefehl des schwedischen Königs in Schwedisch-Pommern stehenden preußischen Truppen unter Blücher mussten auf Geheiß des preußischen Königs, nach dem

Links: Turm der Prenzlauer Stadtmauer

Tilsiter Frieden, das Land verlassen. Das führte dazu, dass die Franzosen Greifswald okkupierten und dort eine provisorische Landesregierung einsetzten, während die schwedische in Stralsund saß. Nun wurde seitens der Franzosen die Einnahme Stralsunds vorbereitet. Dazu errichtete man das Hauptquartier nahe der Stadt, im Dorf Miltzow, und schaffte schweres Geschütz aus Stettin und Magdeburg für eine Belagerung herbei. Die Schweden hatten bereits vorher unter anderem Schiffe, Kähne, Fähren aus Pommern nach Rügen bringen lassen, um eine Landung des Feindes auf der Insel zu verhindern. Dem begegneten die Franzosen durch das Heranschaffen von Booten, Fähren und Kähnen aus dem nahen Preußischen auf Wagen, die mit 12 und 16 Pferden bespannt waren.

Die intensiven Belagerungs- und Bombardementvorbereitungen veranlassten am 20. August 1807 Gustav IV. Adolf, seine Truppen aus Stralsund zurückzuziehen und nach Rügen zu verlegen. Der Magistrat öffnete nach vorheriger Absprache die Stadttore für die Franzosen. Außerdem trafen der schwedische und der französische Befehlshaber die Übereinkunft, dass die schwedische Armee Rügen nach und nach räumen und die Insel über Mönchgut in Richtung Schweden verlassen sollte. Ferner war die pommersche Landwehr zu entlassen.

Am 29. Dezember 1807 erließ die neue französische Regierung in Stralsund diesen Befehl: *Den an uns ergangenen hohen Befehlen zufolge, werden alle Landeseinwohner hiedurch aufs Nachdrücklichste erinnert, sich aller mittelbaren oder unmittelbaren Kommunikation mit Schweden, als dem Interesse der kaiserlich französischen Armee zuwider, gänzlich zu enthalten, da sie sich widrigenfalls der Gefahr aussetzen, der Strenge der Militairgesetze unterzogen zu werden. Stralsund, den 29. December 1807.*

Was nun folgte, war eine starke Belastung für die Bevölkerung Schwedisch-Pommerns. Um ihre Truppen unterhalten zu können, schrieben die Franzosen regelmäßig die unterschiedlichsten Steuern aus. Kirchen nutzten sie in dieser Zeit als Heuniederlagen oder Strohmagazine. Der französische Kaiser befahl 1808 die Abtragung der Festungswerke in Stralsund. Alle männlichen Landesbewohner ohne Unterschied des Standes vom 17. bis 55. Lebensjahr mussten sich eine Woche zur Arbeit einfinden und selbst mit den nötigen Lebensmitteln versorgen. Täglich waren 4000 Arbeitskräfte vorgesehen. Nach dem Abtragen und Sprengen der wichtigsten Teile wurde die weitere Zerstörung eingestellt.

Der Anfang 1809 zwischen Österreich und Frankreich ausgebrochene Krieg führte zum Abzug französischer Truppen aus Pommern. Nur eine schwache Besatzung blieb im Land zurück.

Als folgenschwer erwies sich die Fortführung des Krieges der Schweden gegen Russland für die Machtverhältnisse in Schweden. Dort kam es zu einer Verschwörung, die zur Abdankung Gustav IV. Adolf führte. Sein Nachfolger, Herzog Karl von Södermanland, übernahm als Karl XIII. die Regierung. Er schloss mit allen gegen Schweden kriegführenden Mächten Frieden. Mit Frankreich geschah dies am 6. Januar 1810 in Paris zu folgenden Bedingungen: Schweden musste allen Verbindungen mit England entsagen, englischen Schiffen die pommerschen Häfen sperren und der französischen Kontinentalsperre beitreten. Für diese Zugeständnisse erhielt Schweden Pommern und Rügen zurück. Die Franzosen zogen in den folgenden 20 Tagen ab.

Am 1. April 1810 fand im Land wegen des Friedens ein Dankfest statt und fünf Tage später gab es die Huldigung für Karl XIII. Der hochbetagte kinderlose König wollte noch zu Lebzeiten einen Nachfolger bestimmen und entschied sich für Herzog Christian August von Schleswig-Holstein-Augustenburg, doch dieser starb plötzlich. So wählten am 26. September 1810 in Örebro Karl XIII. und die schwedischen Stände den französischen Prinzen Johann Baptist Julius von Ponte Corvo zum Kronprinzen des schwedischen Reiches.

Der Generalgouverneur in Schwedisch-Pommern befahl am 30. März 1811 die Errichtung eines allgemeinen Landsturms aus Männern zwischen 18 und 30 Jahren. Er sollte eine mögliche Landung der Engländer in Pommern verhindern. Zum selben Zweck marschierten am 27. Januar 1812 unter Divisionsgeneral Friant französische Truppen in Pommern ein, die durch das Land zu unterhalten waren. Der General erklärte, dass es sich um eine freundschaftliche Geste handle, die durch die Könige bestimmt sei.

Im Juli 1812 entwaffneten die in Schwedisch-Pommern stehenden französischen Truppen die schwedischen. Welchen Grund gab es dafür? Der Zar hatte beschlossen gegen Frankreich Krieg zu führen. Für Napoleon lautete nun die Devise, mit Hilfe seiner Alliierten den Feind in dessen Land anzugreifen. In dieser Situation erklärte der schwedische König seine Neutralität und rief die französische Reaktion gegenüber seinen Truppen in Schwedisch-Pommern hervor. Die Franzosen marschierten dann auch durch Pommern nach Russland. Am 9. März 1813 verließ Gouverneur Morand mit seinen Soldaten Pommern. Diese Situation nutzte Schweden. Der schwedische Kronprinz Karl Johann landete mit einem Armeekorps von 24 000 Mann in Pommern. Am 31. des Monats befahl die schwedische Regierung in Stralsund die schleunige Aufstellung einer schwedisch-pommerschen Landwehr. Ein zweiter Aufruf zur Errichtung zweier derartiger Legionen, eine zu Pferd, eine zu Fuß, erging am 7. April. Die Teilnehmer sollten Freiwillige sein, die sich selbst auszurüsten hatten. Ende des Monats folgte die Aushebung der Landwehr.

Einen wichtigen Einschnitt für die Entwicklung im Norden bedeutete die französische Niederlage gegen die Alliierten – Russen, Preußen, Österreicher und Schweden – bei Großbeeren am 23. August 1813. Durch sie waren die Franzosen gezwungen sich zurückzuziehen. Sie stellten somit auch für Schwedisch-Pommern keine Gefahr mehr dar.

Der Friede zwischen den Alliierten und Frankreich wurde am 30. Mai 1814 in Paris geschlossen. Bereits am 14. Januar war es in Kiel zum Friedensschluss zwischen Dänemark und Schweden gekommen. Dieser bestimmte, dass Dänemark Norwegen an Schweden abzutreten hatte und dafür mit Vorpommern und Rügen entschädigt wurde. Auf dem Wiener Kongress am 4. Juni 1815 unterzeichnete man schließlich eine Urkunde über einen Länderaustausch. Danach veräußerte Dänemark Schwedisch-Pommern an Preußen und erhielt zum Ausgleich das an Holstein grenzende Herzogtum Lauenburg.

Durch ein Patent vom 1. Oktober 1815 wurden die Bewohner des bisherigen Schwedisch-Pommern durch König Karl XIII. von ihren Pflichten gegenüber der schwedischen Krone entlassen. Am 23. Oktober erfolgte in Stralsund die Übergabe des Landes an den preußischen Bevollmächtigten, den neuen Oberpräsidenten von Pommern, Freiherr von Ingersleben. Damit endete die Schwedenzeit für Pommern.

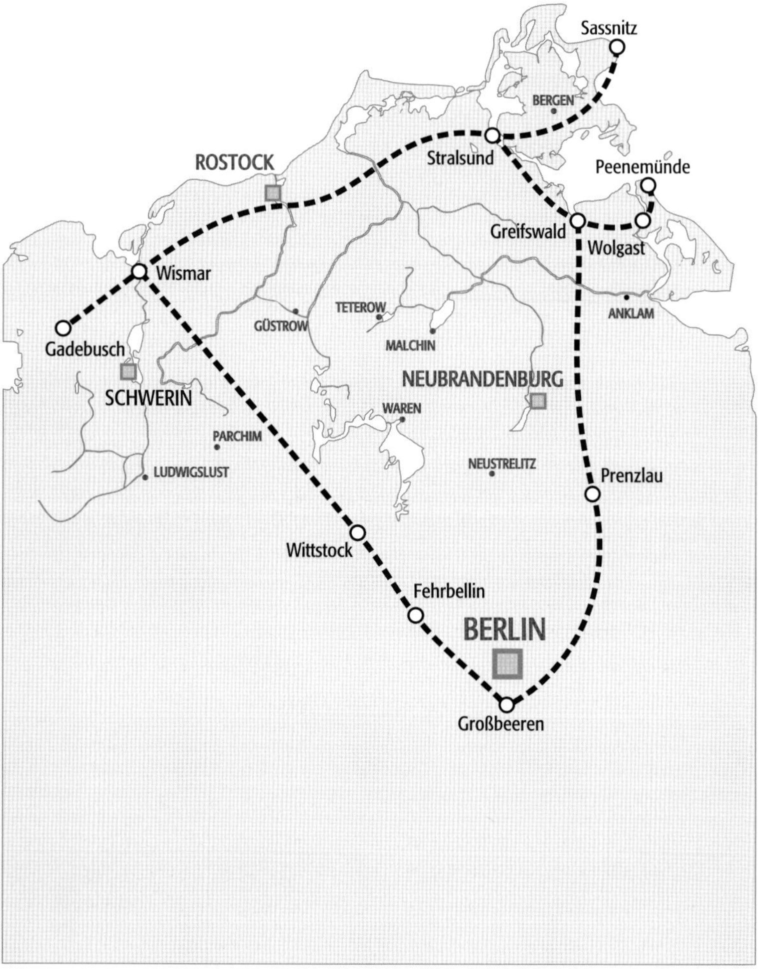
Sassnitz
BERGEN
Stralsund
ROSTOCK
Peenemünde
Greifswald
Wolgast
Wismar
TETEROW
GÜSTROW
ANKLAM
Gadebusch
MALCHIN
NEUBRANDENBURG
SCHWERIN
WAREN
PARCHIM
NEUSTRELITZ
LUDWIGSLUST
Prenzlau
Wittstock
Fehrbellin
BERLIN
Großbeeren

Die Schwedenstraße – auf den Spuren der Schwedenzeit

Die Schwedenstraße (siehe Seite 108) folgt den Spuren deutsch-schwedischer Geschichte vom Dreißigjährigen Krieg bis zum Wiener Kongress. Die vorgeschlagenen, natürlich nicht zwingend einzuhaltenden Routen sind nach geografischen und fahrtechnischen Optionen – egal ob mit dem Auto oder der Bahn – zusammengestellt.

KÜSTENROUTE:
Gadebusch – Wismar – Stralsund – Rügen – Greifswald – Wolgast/Peenemünde
OSTROUTE:
Rügen – Stralsund – Greifswald – Prenzlau – Großbeeren
WESTROUTE:
Gadebusch – Wismar – Wittstock – Fehrbellin – Großbeeren

Die Beschreibung historischer Ereignisse und von Sachzeugen ist an Orte gebunden und wird dementsprechend bei diesen gegeben. Da im einleitenden Kapitel eine globale Darstellung geschichtlicher Abläufe der Schwedenzeit erfolgte, kann hierauf bei der folgenden, detaillierten größtenteils verzichtet werden. Grundsätzlich gibt es eine historisch vorgegebene Zweiteilung bei der Vorstellung der Orte und Ereignisse: einerseits das pommersche Territorium, in dem Schweden zwischen 1648 und 1815 der Landesherr war, und andererseits die Orte, die kriegsbedingt mit der schwedischen Geschichte in Verbindung kamen. Dementsprechend sind Einflussnahme und Auswirkungen schwedischer Politik in beiden Bereichen auch unterschiedlich geartet. Um das Auffinden der Orte innerhalb der Routen zu erleichtern, sind sie nachfolgend alphabetisch angeordnet.

FEHRBELLIN

Im Dezember 1674 marschierte die schwedische Feldarmee unter dem Befehl des Reichsfeldherrn Carl Gustav Wrangel aus Schwedisch-Pommern kommend in Brandenburg ein. Dies geschah auf Grund eines im April 1672 zwischen Frankreich und Schweden geschlossenen Vertrages. Schweden verpflichtete sich darin, 16 000 Mann gegen jeden deutschen Fürsten aufzustellen, der der Republik Holland, dem Gegner Frankreichs, Hilfe leisten würde. Selbst erhielt es finanzielle Unterstützung, um seine Armee besser ausrüsten zu können. Da Brandenburg sich 1674 an einer Allianz mit Kaiser Leopold I. sowie König Karl II. von Spanien und Holland beteiligte, hatte Schweden Brandenburg anzugreifen.

Zeigten sich die einmarschierenden schwedischen Soldaten anfangs noch diszipliniert, so änderte sich das bald. Erinnerungen an die Zustände während des Dreißigjährigen Krieges wurden wach. Die Bevölkerung hoffte auf eine baldige Rückkehr der brandenburgischen Armee aus dem Winterquartier in Franken. Kurfürst Friedrich Wilhelm dachte aber zunächst nicht an eine solche. Er versuchte Holland zur Unterstützung gegen Schweden zu bewegen, um dieses völlig vom deutschen Boden zu vertreiben – und ihm wurde Hilfe zugesagt.

Daraufhin befahl er den Aufbruch. In Eilmärschen führte er seine Soldaten nach Brandenburg zurück. Die Reiterei mit bis zu 6000 Mann und ein Teil der Infanterie mit 1200 Mann kam am 22. Juni 1675 in Magdeburg an. Friedrich Wilhelm entschied sich, die Schweden überraschend bei Rathenow anzugreifen, da diese noch keine Kunde von seiner Rückkehr hatten. Am 25. Juni nahm er die Stadt ein. Die schwedischen Truppen zogen sich über Nauen in Richtung Fehrbellin zurück, verfolgt von brandenburgischen Soldaten. Am 28. Juni stellten die Brandenburger die Schweden in der Nähe von Fehrbellin, bei Hakenberg und Linum, zur Schlacht.

Am 2. September 1879 wurde in Erinnerung an die Schlacht bei Fehrbellin die Siegessäule in Hakenberg auf dem einstigen Standort der brandenburgischen Geschützstellung eingeweiht.

Ein auf brandenburgischer Seite Beteiligter, Sigismund von Buch, hat in seinem Tagebuch recht genau deren Ablauf festgehalten: *Freitag, den 18./28. Juni, brachen wir früh auf* [...]. *Auf dem Wege sahen wir eine Menge zerbrochener Wagen, weggeworfener Harnische und Eisenhüte der feindlichen Kavallerie, so daß wir annehmen konnten, daß große Furcht sie beherrscht hatte.* Der Kurfürst hatte 1600 Reiter dem Befehl des Prinzen von Homburg unterstellt, der die Schweden auskundschaften, aber nicht angreifen sollte. Als er die schwedischen Truppen zwischen den Dörfern Hakenberg und Tarmow ausmachte, die einen Sumpf im Rücken, die Brücke von Fehrbellin zur Rechten und eine flache Ebene vor sich hatten, griff er sie doch an und geriet in ernste Bedrängnis. Erst der Hilferuf beim Kurfürsten und dessen schnelles Eingreifen rettete den Prinzen und seine Reiter. Buch beschreibt die Situation so: *Währenddessen hatten unsere Leute den Feind aus seiner vorteilhaften Deckung herausgetrieben. Dieser zog sich auf einen Berg beim Dorfe Linum zurück, wo er das Dorf im Rücken, einen großen Sumpf zur Linken (das Rhinluch) und ein Gehölz (die Dechtower Fichten) zur Rechten hatte. Nahe dem Gehölz war ein kleiner Sumpf und einige mit Gesträuch bewachsene Sandhügel. Von dieser Seite her rückten wir an, fuhren auf den Sandhügeln unsere Geschütze auf, und da wir keine Infanterie hatten – die 500 Mann, die wir mitgenommen hatten, waren mehr als zwei Stunden zurückgeblieben – stellten wir das Dragonerregiment Derfflinger bei den Kanonen auf* [...]. *Gleichzeitig brachten wir vier Schwadronen Kavallerie, eine Schwadron Trabanten und 3 vom Regiment Anhalt dorthin* [...]. *Unsere Truppen, welche zur Avantgarde des Prinzen von Homburg kommandiert waren, standen dem linken Flügel des Feindes und seinen dahin rückenden Bataillonen gegenüber* [...]. *Nun begannen wir unsere Geschütze spielen zu lassen* [...]. *Als der Feind bemerkte, daß unsere Geschütze ihn stark schädigten und daß wir keine Infanterie hatten, ließ er von dieser Seite ein Regiment Infanterie vorrücken und zu gleicher Zeit auch den rechten Flügel seiner Kavallerie.* Nachdem Friedrich Wilhelm die beginnende Verwirrung auf schwedischer Seite bemerkte, konzentrierte er seine Angriffe auf den rechten Flügel der Schweden, den er entscheidend bezwang. Infolge dieser Niederlage zog sich der verbleibende Teil der schwedischen Armee zunächst nach Fehrbellin zurück. Am nächsten Tag waren die Truppen schon in Richtung Mecklenburg und dann weiter nach Schwedisch-Pommern unterwegs.

Der Waffengang gegen Brandenburg brachte für Schweden große Verluste. Etwa 2400 Tote waren zu beklagen. Besonders schwer wog aber der moralische Verlust. Das zuvor in vielen Gefechten siegreiche Schweden hatte eine Niederlage gegen einen schwächeren und zahlenmäßig unterlegenen Gegner einstecken müssen. Der Ruhm der Großmacht Schweden bekam bei Fehrbellin erste Schrammen.

GADEBUSCH

Im Nordischen Krieg von 1700 bis 1720 trat eine Koalition, bestehend aus Dänemark, Sachsen-Polen und Russland, gegen Schweden an. Es gab viele Schlachtfelder, eines davon befand sich vor den Toren der mecklenburgischen Stadt Gadebusch.

Im September 1712 war der schwedische Feldmarschall Stenbock mit 9000 Mann auf Wittow (Rügen) zur Entsetzung Stralsunds gelandet. Am 21. Oktober brach er auf und erreichte drei Tage später Damgarten. Dort stellten sich ihm Truppen unter dem Prinzen von Sachsen-Weißenfels entgegen, um seinen Übergang über die Recknitz zu verhindern. Die Schweden wagten jedoch erfolgreich die Überquerung eines Morastes und zwangen dadurch die Sachsen zum Rückzug. Allgemein wurde der weitere schwedische Vormarsch nach Polen erwartet. Die Soldaten zogen aber nach Mecklenburg weiter und besetzten Schwaan und Rostock. In dem zuvor von Dänen belagerten Wismar nahm Stenbock Quartier und erklärte dort am 11. Dezember vor den Mitgliedern des Tribunals, Offizieren, dem Wismarer Rat und Bürgern der Stadt, dass es bald einen Kampf mit den anrückenden Dänen geben werde, zu dem er bereit sei. Sein Ziel bestand darin, die Vereinigung der dänischen Truppen mit denen aus Sachsen und Russland zu verhindern. Deshalb marschierte er ihnen entgegen. Tatsächlich bezogen am 13. Dezember 1712 dänische Truppen Stellung bei Wakenstädt und dem besetzten Gadebusch. Der dänische König nahm sein Hauptquartier am 14. Dezember im Gadebuscher Schloss. Zar Peter I. hatte an König Fredrick von Dänemark appelliert, sich vor der Vereinigung mit dem russischen Heer auf keine Schlacht mit den Schweden einzulassen. Diesen Wunsch ignorierend, stellte sich Fredrick jedoch mit seinen und den sächsischen Truppen den Schweden, die in Eilmärschen vom Eulenkrug über Käselow angerückt waren.

Historische Ansicht von Gadebusch aus dem 17. Jahrhundert

Die Schlacht begann am 20. Dezember 1712 um 10 Uhr mit dem Angriff der Schweden. Es wurde ein erbitterter Kampf. Dank der überlegenen schwedischen Artillerie – sie konnte acht- bis zehnmal ihre Kanonen abfeuern, ehe die Dänen ihre Musketen einmal neu geladen hatten – war es für die Infanterie möglich vorzurücken und somit den Platz für den Einsatz der Kavallerie zu schaffen. Die dänische Reiterei hatte hingegen das sumpfige Gelände bei Wakenstädt unterschätzt und versank teilweise im Morast. Den Dänen blieb nichts anderes übrig als den Rückzug anzutreten. Dies geschah über Roggendorf nach Mölln und Ratzeburg.

Der Kampfverlauf spiegelt sich auch in den Verlusten wider. Die Schweden hatten nur 200 Opfer zu beklagen, während es auf der dänischen Seite immerhin etwa 2000 Mann waren, zu denen weitere 4000 Gefangene kamen.

GREIFSWALD

Im November 1627 wurde Greifswald von kaiserlichen Truppen besetzt. Ihr Verhalten gegenüber der Bevölkerung war rücksichtslos. Raub und Misshandlung gehörten ebenso zum Alltag wie die Ausbeutung der Einwohner. Das Ende dieser Zeit nahte, als die Schweden im Juni 1631 vor der Stadt standen, der letzten noch nicht von ihnen eingenommenen in Pommern. Als der kaiserliche Stadtkommandant Perusius am 11. Juni einen Erkundungsritt unternahm, wurde er von schwedischen Soldaten getötet. Es dauerte noch fünf Tage, bis die kaiserliche Besatzung abzog. Aus Freude über die Befreiung feierten die Greifswalder künftig das „Perusiusfest".

Am 17. des Monats zog der Schwedenkönig Gustav II. Adolf in Greifswald ein. Er befreite die Stadt von den Lizenten und Seezöllen und stellte der Universität einen Schutzbrief aus. Zu diesem Zeitpunkt befand sich Greifswald in keinem guten Zustand. Das sagen beispielsweise die Zahlen über die Wohnstätten in der Stadt aus: Von 1001 steuerpflichtigen Häusern waren 66 ganz zerstört und 450 unbewohnt. Die Lasten für die Bürger verringerten sich nun jedoch unter anderem dadurch, dass sich das Kriegsgeschehen in den mittel- und süddeutschen Raum verlagerte und somit keine größere Einquartierung erforderlich war. Für Pommern, und damit auch für Greifswald, brachten die Auseinandersetzungen zwischen kaiserlichen und schwedischen Truppen erst 1637/1638, zeitgenössisch auch als *Banirsche Tid* nach dem schwedischen Feldherren Banér bezeichnet, noch einmal eine gewaltige Belastung. Abermals erhielt Greifswald eine Befreiung von Zöllen und Lizenten, zunächst bis 1643, dann bis 1646 und nochmals bis 1648.

Drei Ereignisse des Jahres 1642 sind nennenswert. Das Hofgericht, das zuvor in Wolgast ansässig war, nahm seine Tätigkeit in der Stadt am Ryck auf, kehrte allerdings schon 1665 wieder zurück, ebenso das vorpommersche Konsistorium. Schließlich besuchte der schwedische Reichskanzler Axel Oxenstierna Greifswald.

Eine böse Überraschung erlebten die Bürger am 13. Februar 1650. Ein gewaltiger Weststurm ließ die Turmspitze von St. Nikolai auf das Kirchenschiff stürzen, sodass das Gewölbe zerstört wurde. Sammlungen in Pommern und anderen Ländern trugen dazu bei, dass bereits 1652 ein barocker Turmhelm festiggestellt werden konnte. Im Jahr darauf, am 13. Februar, wurde die Kirche wieder eingeweiht.

Nach dem Westfälischen Frieden versuchte der neue pommersche Landesherr Schweden, die Greifswalder Universität zu sichern und auszubauen. 1665 gab es dann allerdings Überlegungen, die Hochschule nach Stettin zu verlegen. Ein unter Leitung von David Mevius erarbeiteter Visitationsrezess vom 16. Mai 1666 traf jedoch Festlegungen, die den Verbleib der Universität am alten Standort sicherten.

Der Friedenszustand währte nicht sehr lange. Bereits 1659, im schwedisch-polnischen Krieg, mussten zwei Angriffe kaiserlicher Truppen auf die Stadt abgewehrt werden. Durch Beschuss wurden 16 Häuser zerstört.

Vier Jahre später bestätigte am 31. Januar die schwedische Regierung Greifswald *Privilegia, Briefe und Begnadigungen*, ferner blieb der Bürgervertrag von 1623 in Kraft.

Die Stadtaufnahme vom 9. Februar 1665 ergab, dass es in Greifswald 558 bewohnte und 359 menschenleere Stellen, wovon 304 der Erde gleich waren, gab – ein Ergebnis, das nur unwesentlich besser als das während des Dreißigjährigen Krieges war.

Eine Konsolidierung der Verhältnisse konnte auch weiterhin nicht eintreten, denn bereits vom 4. bis 6. November 1678 geriet Greifswald unter brandenburgischen Beschuss, durch den 114 Häuser beschädigt und 30 zerstört wurden. Am 7. November kapitulierte der schwedische Kommandant Oberst Vieting. Greifswald war damit die letzte durch Brandenburg eingenommene Stadt. Die Huldigung für den brandenburgischen Kurfürsten erfolgte am 10. November 1678. Nach dem Friedensschluss von St. Germain gelangte Greifswald 1679 jedoch wieder unter schwedische Herrschaft.

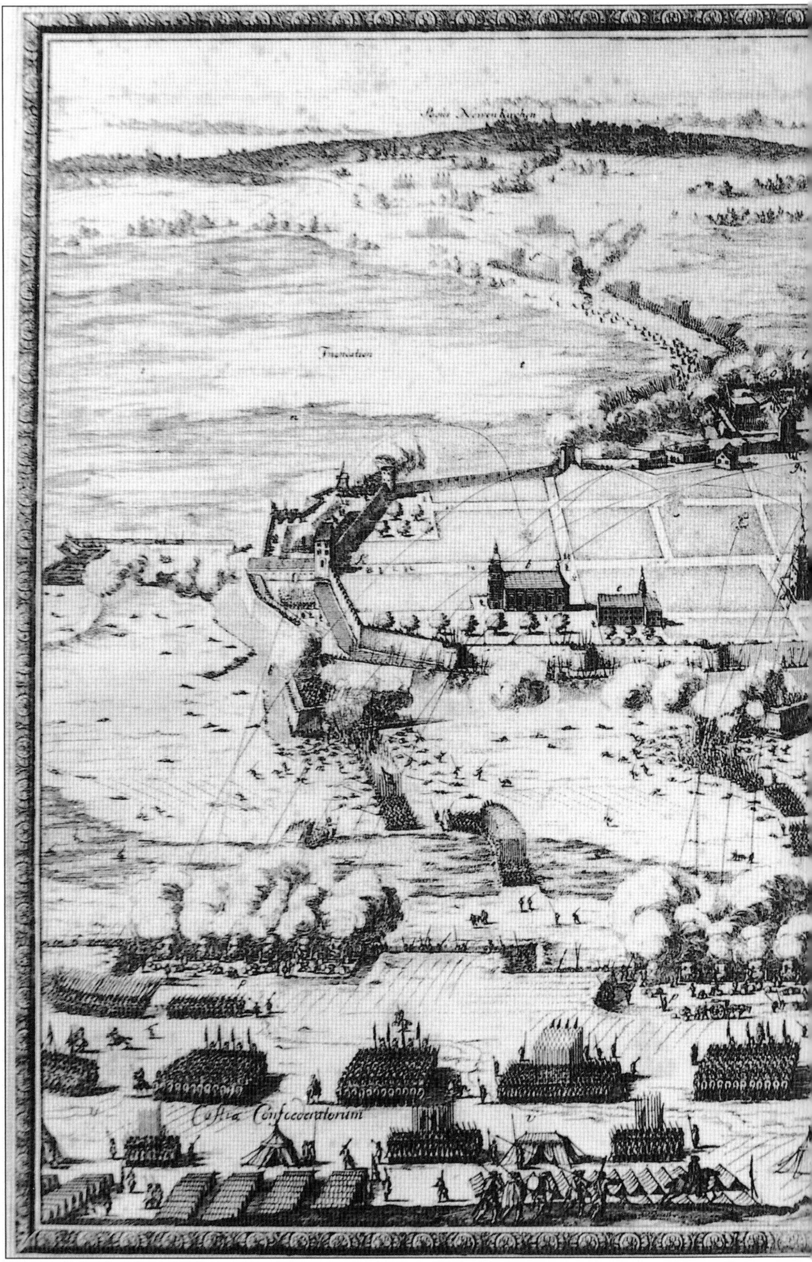

Belagerung Greifswalds durch kaiserliche Truppen
unter Befehl des Kurfürsten Friedrich Wilhelm von Brandenburg, 1659;
Kupferstich von Willem Swidde

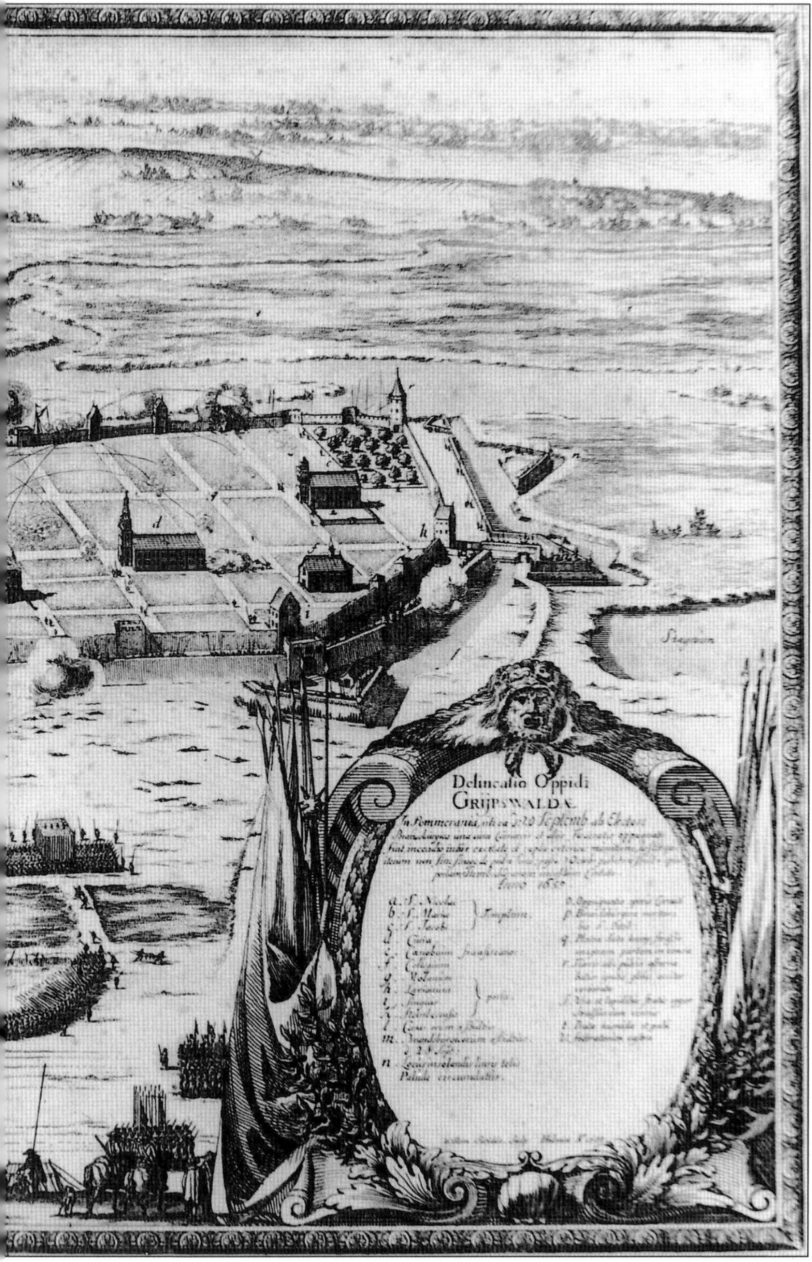
Delineatio Oppidi
GRIJPSWALDÆ
Stagnum

Einen nicht unwesentlichen Eingriff in die Unabhängigkeit der Stadt stellte 1707 das Einsetzen eines königlichen Bürgermeisters – Burggraf genannt – durch Karl XII. dar. Erst am Ende des Nordischen Krieges erreichte Greifswald eine königliche Resolution, in der dieser Posten wieder abgeschafft wurde. In diesem Krieg hatte die Stadt stark leiden müssen. So zogen am 31. August 1711 sächsische Truppen unter August dem Starken – er war zugleich polnischer König und sächsischer Kurfürst – in Greifswald ein. Die Stadtschlüssel wurden ihm ohne Gegenwehr übergeben. Die Forderungen des sächsischen Kriegskommissars zeichneten sich durch große Härte aus. Als diese nicht erfüllt wurden, nahm man zwölf Geiseln, angesehene Greifswalder Bürger, brachte sie in das Rathaus und überführte sie anschließend nach Anklam. Erst nach Zahlung von 16 000 Talern erfolgte ihre Freilassung. Aus Angst vor den Soldaten flohen viele Menschen aus dem Umland in die Stadt und vergrößerten somit die Probleme, etwa in Bezug auf die Versorgung, insbesondere mit Wasser.

1712 hielt sich der russische Zar Peter I. in der Stadt auf und nahm an einer Disputation in der Universität teil.

Zu allem Unglück brach am 1. März 1713 ein Brand im Stadtstall in der Baderstraße aus. In ihm befanden sich sächsische Militärpferde. Die Besatzer vermuteten einen Anschlag. Sofort wurden die umliegenden Straßen abgeriegelt. Doch das bedeutete, dass die Löscharbeiten nicht durchgeführt werden konnten. Das Feuer griff auch auf das Rathaus über. Erst durch den Eingriff der verbündeten dänischen Soldaten konnte der Brand erfolgreich bekämpft werden. Das obere Rathaus und 38 Häuser im Zentrum fielen den Flammen zum Opfer.

Von 1716 bis 1720 regierten die Dänen die Stadt. Nach der Rückkehr unter schwedische Herrschaft musste sich das Leben erst wieder normalisieren. In dieser Phase entstand nach Plänen des Professors Andreas Mayer zwischen 1740 und 1750 das noch heute markante Universitätsgebäude.

Im Siebenjährigen Krieg, am 7. Januar 1758, rückten preußische Einheiten in Greifswald ein. Es folgten Kontributionszahlungen und Einquartierung. Ein tragisches Ereignis stellte die Explosion eines Mauerturms, der von den Preußen als Pulverturm genutzt wurde, dar. Die umliegenden Häuser wurden beschädigt, selbst die Marienkirche traf es. Mitte Juni zogen die Truppen ab. Anfang 1759 kehrte für kurze Zeit nochmals ein preußisches Armeekorps zurück.

Erst im letzten Drittel des 18. Jahrhunderts stabilisierten sich die Verhältnisse, es war sogar ein Aufwärtstrend festzustellen. Dies wird am ehesten durch den Anstieg der Einwohnerzahl deutlich: 1767 zählte Greifswald nur 4611 Bewohner, 1780 waren es 4987, drei Jahre später 5033. 1794 lebten 5372 Menschen in der Stadt, zum Jahrhundertwechsel waren es dann 5740. Der Handel, der lange rückläufig war, erholte sich, damit auch die Schifffahrt. Als größeres Unternehmen nahm ebenfalls die 1745 wieder eingerichtete Saline einen Aufschwung.

In dieser Zeit erhielt der Schwede Thomas Thorild eine Professur für schwedische Sprache an der Universität und wurde gleichzeitig als Bibliothekar eingesetzt. Sein Grab befindet sich in Neuenkirchen, einem Dorf nördlich von Greifswald.

Eine Auseinandersetzung zwischen Bürgern und Rat sorgte für großes Aufsehen. Die Viergewerke (Schmiede, Schneider, Schuster und Bäcker) richteten im März 1793 ein Schreiben an den Rat. Darin sprachen sie einige Probleme an, die dieser lösen sollte. Sie verwiesen auf die hohen Lebensmittelpreise, die Knappheit an Getreide und Heizmaterial sowie auf die Höhe der Steuern. Ihre Vorschläge lauteten: Anlage eines Korn- und Torfmagazins, das Bieten Auswärtiger bei Holzauktionen zu untersagen und die Senkung der Steuern zu erwägen. Der Rat antwortete, dass die Viergewerke sich um ihre eigenen Angelegenheiten und nicht die des Rates kümmern sollten. Daraufhin übergaben die Zurückgewiesenen dem Fünfziger-Kollegium den Antrag mit der Bitte, das Gesuch zu behandeln. Dies wurde vom Rat mit der Begründung abgelehnt, dass es sich ja nur um das Problem einer kleinen Gruppe und nicht des ganzen Kollegiums handle. Im Herbst übergab das Kollegium dem Rat trotzdem den

Universitätsgebäude und Nikolaikirche in Greifswald

Antrag, doch wieder erfolgte keine Behandlung. Nun übergaben zehn Deputierte der Vereinigten Bürgerschaft dem Fünfziger-Kollegium eine Eingabe, gleichfalls zur Weiterleitung an den Rat. Der forderte eine Legitimation der zehn Personen. In der Stadt gab es bereits erste Unruhen. Am 11. November forderten die Deputierten auf der Sitzung des Fünfziger-Kollegiums Veränderungen in der Zusammensetzung desselben, ein Ansinnen, das mit Hinweis auf den Bürgervertrag von 1623 zurückgewiesen wurde. In der Sitzung am 28. November erreichte die Auseinandersetzung ihren Höhepunkt. Eine große Anzahl von Bürgern war in das Rathaus gekommen und erklärte, dass kein Rats- und Kollegiumsmitglied dieses verlassen dürfe, bis nicht eine Entscheidung gefallen sei. Erst nach Mitternacht wurde den Forderungen entsprochen. Nun griff die schwedische Regierung Vorpommerns ein. Am 22. Dezember 1794 wurde dem Rat verboten, die erzwungene Zusage umzusetzen. Um den Bürgern diese Entscheidung nahe zu bringen, ließ man das Dekret von den Kanzeln verlesen. Damit stärkte die Regierung die Autorität des Rates und festigte die öffentliche Sicherheit. Noch jedoch war die Angst vor französischen Verhältnissen nicht verschwunden.

Neue Unruhen sorgten schließlich dafür, dass Anfang 1796 Militär in die Stadt einrückte. Im Herbst des Jahres verfügte die Regierung, zur Erhaltung von Ruhe und Ordnung sei eine ständige Garnison in Greifswald einzurichten.

Die Furcht der schwedischen Regierung vor neuen Bürgerprotesten kann aber nicht sonderlich groß gewesen sein, denn 1803 wurde das Oberappellationsgericht (Tribunal) von Wismar nach Greifswald verlegt. Bis zum Einmarsch der Franzosen 1807 – sie blieben bis 1810 und kehrten 1812 nochmals zurück – herrschte Ruhe in der Stadt.

Die im Zuge des Wiener Kongresses geschlossenen Verträge führten 1815 auch in Greifswald zum Herrschaftswechsel vom Königreich Schweden zu dem Preußens.

Noch heute finden sich in der Umgebung von Greifswald Bauwerke, die an die Schwedenzeit erinnern.

So wurde Schloss Griebenow unter dem Reichsrat und General-Feldmarschall Graf Carl Gustav Rehnskiöld 1706 bis 1709 errichtet.

Auch die Schlossanlage Karlsburg zählt zu den bedeutendsten Bauten jener Epoche.

Die Burganlage Klempenow wurde in der Schwedenzeit durch die aus Friesland stammende Offiziersfamilie von Inn- und Knyphausen ausgebaut.

Schloss Ludwigsburg schließlich ist nach dem Ende des Dreißigjährigen Krieges durch den schwedischen Stadtkommandanten der Hauptfestung Stettin – Burchardt Müller von der Lühnen – neu aufgebaut und ausgeschmückt worden. Später gelangte die Anlage in den Besitz der in schwedischen Diensten geadelten Stralsunder Kaufmannsfamilie von Klinkowström.

Am 23. August 1913, zum 100. Jahrestag der siegreichen Schlacht über Napoleons Truppen bei Großbeeren, wurde dort der 32 Meter hohe Gedenkturm eingeweiht.

GROSSBEEREN

Vom 4. Juni bis zum 11. August 1813 herrschte Waffenstillstand zwischen Napoleon und den Alliierten. Diese beschlossen jedoch bereits am 13. Juli den Offensivplan für den Herbstfeldzug gegen die französischen Truppen.

Seit dem 27. Juni gehörte auch Österreich zu den Alliierten. Diese wollten mit drei Armeen gegen die Hauptmacht der Franzosen vorgehen. Sobald ein Angriff auf eine der Armeen erfolgen würde, sollte die zweite dem Feind in den Rücken fallen beziehungsweise die dritte in seine Flanke einschwenken. Die Einteilung der Armeen sah so aus:

1. die böhmische mit Österreichern und Russen unter Fürst Schwartzenberg;
2. die schlesische mit Preußen und Russen unter General von Blücher;
3. die vereinigte norddeutsche Armee mit Preußen, Russen und Schweden unter dem schwedischen Kronprinz Carl Johan.

Letzterer war am 17. Mai auf Rügen gelandet. Mit seinen Truppen brach er von Schwedisch-Pommern in Richtung Berlin auf. Der preußischen Hauptstadt drohte eine erneute Besetzung durch die Truppen Napoleons unter Marschall Oudinot.

Die Nordarmee sammelte sich am 17. August auf dem Tempelhoferfeld in der Nähe von Berlin. Fünf Tage später stand sie 1,5 Meilen südlich von Berlin zwischen den Dörfern Rühlsdorf und Heinersdorf. Den rechten Flügel besetzten zwei russische Korps unter der Führung der Generale Wintzingerode und Wallmoden, auf dem linken Flügel standen zwei preußische Korps unter dem Befehl der Generale von Bülow und von Tauentzien, in der Mitte befehligte General Stedingk die Schweden.

Nach Vorgefechten bei Mellen, Juhnsdorf, Wittstock und Blankenfelde eroberte das VII. Korps Reynier der französischen Berlin-Armee am 23. August 1813 Großbeeren. Auf

Befehl des schwedischen Kronprinzen setzten die preußischen Truppen zum Gegenangriff an. Daran beteiligt war auch eine schwedische Batterie unter Oberst Cardell. Der Ort wurde zurückerobert und der Gegner zum Rückzug gezwungen.

Nachdem am 24. August die Toten begraben worden waren, stellte sich die schwedische Armee auf und gab Salutschüsse ab. Eine Deputation aus Berlin dankte dem Kronprinzen für den Schutz, überreichte Geschenke und verteilte Lebensmittel unter den Soldaten.

Die erfolgreichen Heerführer erhielten Auszeichnungen, vor allem der schwedische Kronprinz. Vom preußischen König bekam er das Großkreuz des Eisernen Kreuzes, vom russischen Zaren das Großkreuz des St.-Georgs-Ordens und vom österreichischen Kaiser das Großkreuz des Maria-Theresia-Ordens.

Heute erinnern an die Schlacht ein 32 Meter hoher Gedenkturm aus dem Jahre 1913, ein vom Preußenkönig Friedrich Wilhelm III. auf dem Friedhof des Ortes errichteter Obelisk und eine neugotische Kirche, beide nach Entwürfen von Karl Friedrich Schinkel, sowie auf dem einst hart umkämpften Windmühlenberg westlich des Ortes eine zehn Meter hohe Pyramide, die von der Stadt Berlin veranlasst wurde.

PRENZLAU

Die Beziehungen Prenzlaus zu Schweden während des 17. und 18. Jahrhunderts waren vorwiegend kriegsbedingt.

Erstmals trafen im Februar 1631 zwölf schwedische Kompanien in der Stadt ein. Generalleutnant Baudissin verhandelte am 24. des Monats, auch mit Vertretern aus umliegenden Orten, über die Einrichtung des Winterquartiers für seine Soldaten. Nachdem die Vorräte aufgebraucht waren, zogen die Truppen am 2. März in Richtung Pasewalk weiter.

Der schwedische König Gustav II. Adolf hatte zu dieser Zeit sein Quartier in Prenzlau. Nach seinem Tod in der Schlacht bei Lützen kam der Leichenzug am 20. Dezember 1632 in Prenzlau an. Die sterblichen Überreste des Monarchen wurden zwei Tage in der Marienkirche aufgebahrt.

Zwischen 1637 und 1639 hatte die Stadt mehrfach unter den Geschehnissen des Dreißigjährigen Krieges zu leiden.

Ausschnitt einer historischen Stadtansicht Prenzlaus aus dem 17. Jahrhundert

Marienkirche zu Prenzlau. Hier waren die sterblichen Überreste Gustav II. Adolfs im Dezember 1632 zwei Tage aufgebahrt.

Zunächst war es die Pest, die die Bevölkerung 1637/38 stark dezimierte. Im Oktober 1638 drangen dann Schweden in die von den Kaiserlichen geräumte Stadt ein und verlangten eine große Summe Geld. Bei Nichtzahlung drohten sie die Plünderung Prenzlaus an. Die Forderung war so eindeutig, das die Zahlung erfolgte. Schließlich kam es 1639 zu einer Hungersnot.

Wie sehr die Stadt gelitten hatte, verdeutlicht der Vergleich des Häuserbestandes. Waren 1626 in Prenzlau noch 787 „Feuerstellen“ erfasst worden, so gab es 1643 nur noch 107 bewohnte Häuser, weitere 314 standen leer und 366 waren nicht mehr vorhanden. Erst 70 Jahre später ist der Zustand von 1626 wieder annähernd erreicht worden.

Zu einem schwedischen Intermezzo in Prenzlau kam es ab dem 24. Dezember 1674. Schwedisches Kriegsvolk drang in Brandenburg ein, um den Kurfürsten Friedrich Wilhelm zu bewegen, seine Kampfhandlungen am Rhein gegen Frankreich einzustellen. Für manche Prenzlauer Familie bedeutete die schwedische Einquartierung, dass sie zwischen 30 und 40 Soldaten aufzunehmen hatte.

Nun vergingen einige Jahrzehnte, bis sich wiederum schwedische Truppen in der Stadt aufhielten. Dies geschah im Siebenjährigen Krieg. Einem zeitgenössischen Bericht ist zu entnehmen, dass Prenzlau *vier Jahr nach einander so lästige als kostbare, zum Theil auch sehr langwierige Besuche von den Schweden erhielt* [...], *doch muß man es den Schweden zum besondern Ruhme nachsagen, daß sie sich bei uns größteils sehr milde und menschenfreundlich betragen haben.*

Es begann am 2. Oktober 1757, als 360 Reiter unter Generalmajor Graf von Horn in Prenzlau eindrangen, am nächsten Morgen aber bereits wieder abzogen. Wenige Tage später waren es dann schon 1000 Mann, die einmarschierten und sich bis zum 22. Oktober in der Stadt aufhielten. Schwedische Krieger lagerten auch vom 1. bis 4. September 1758 in und um Prenzlau. Am 21. November zogen sie wieder ab. Der nächste Aufenthalt schwedischer Soldaten fiel in den September 1759. Ein letztes Mal war es dann am 6. September 1760, dass die Schweden in die Stadt einrückten. Im Jahr

1761 vermochten sie Prenzlau nicht mehr einzunehmen. Neben der Einquartierung war es vor allem die Forderung nach Kontributionszahlungen, die Prenzlau finanziell stark trafen.

Friedlich und äußerst freundlich hingegen gestaltete sich am 1. Mai 1771 der Aufenthalt des schwedischen Königs Gustav III. in der Stadt.

Rügen

Deutschlands größte Insel – Rügen – ist in den vergangenen Jahrhunderten sehr eng mit Stralsund verbunden gewesen. Der Stadt gehörte ein Großteil des Eilandes und sie war auch der Marktplatz für die landwirtschaftlichen Produkte von dort. Schließlich hatten die auf Stralsund gerichteten Aktivitäten fremder Herrscher auch immer Auswirkungen auf das Leben der Inselbewohner.

Wie ganz Pommern, so litten auch die Rüganer zwischen 1628 und 1630 unter den kaiserlichen Truppen, die sogar an den Verkauf der Insel an Dänemark dachten. Beispielsweise forderte Oberst Sparr von den Einwohnern im Sommer 1628 als „Wochenration" für sich: 5 Ochsen, 14 Schafe, $^1/_4$ Tonne Butter, $^1/_4$ Schock Hühner, 4 Seiten Speck, 2 Schweine, 8 Gänse, 2 Schock Eier, 2 Kälber, 10 Paar junge Tauben, 1 Scheffel Salz, $^1/_2$ Tonne Essig, Fische, Bier, Brot nach Bedürfnis; an Gewürz 2 Hut Zucker, 2 Pfund Pfeffer, 1 Pfund Ingwer, 8 Loth Saffran, 5 Loth Muskatblüten, 4 Loth gestoßene Negelein, 2 Pfund große und 2 Pfund kleine Rosinen sowie 4 Pfund Mandeln.

Wie das Leben auf der Insel im Frühjahr 1629 aussah, beschreibt eine Beschwerdeschrift der Rüganer an die Landstände: *Noch viel mehr werden vom Hunger hart geplagt und ziehet jetzt allererst die Noth je mehr und mehr recht an, indem viele unerhörte erbärmliche Exempel sich begeben, daß diejenigen, so sich etliche hero von Knospen der Bäume, hernach von dem Grase auf dem Felde, oder von Kleie mit Heusamen gemenget Brod gebacken, oder in der Luft aufgedörte ungesalzene Fische gegessen, jetzt sich wegen Mattigkeit und Schwachheit beginnen darnieder zu legen, und weil sie vorgesetzte Mittel nicht mehr schaffen können, ihnen selbst Arme und Hände abzufressen. Kinder haben ihrer verstorbenen Mutter die Brüste abgefressen. Etliche haben gleich dem unvernünftigen Vieh an der Erde gelegen und das Gras gegessen, weil ihnen von den Soldaten kein Kesselchen oder Topf gelassen, darin sie es kochen können. Etliche haben das Gras gekocht und also genießen wollen, ist ihnen aber von denen auch Hunger leidenden Soldaten vor dem Maul weggerissen, und das Gefäß dazu genommen worden.*

Die Verhältnisse sollten sich ändern, nachdem ab März 1630 der schwedische Kommandant von Stralsund, Alexander Leslie, mit der Einnahme Rügens begann. Eine zeitgenössische Quelle bezeichnet dies *den ersten rechten / und bestendigen Angriff auff die Keyserlichen in Teutschland.*

Als der schwedische König Gustav II. Adolf im Juni 1630 von Schweden mit einer Flotte aufbrach, um in den Dreißigjährigen Krieg einzugreifen, setzte er zunächst seinen Fuß auf die Insel Rügen, bevor er nach Usedom weitersegelte und bei Peenemünde mit seinen Truppen an Land ging.

Durch die Bestimmungen des Westfälischen Friedens von 1648 gelangte auch Rügen unter schwedische Herrschaft. Der am 27. Mai 1660 zu Kopenhagen geschlossene Frieden zwischen Dänemark und Schweden bestimmte in Bezug auf Rügen, dass der König von Dänemark der geistlichen und weltlichen Jurisdiktion über die Insel, die er bis dahin innegehabt, entsagte.

Doch so ganz konnten die Dänen nicht von der Insel lassen. 1676 bemühten sie sich erfolglos, gemeinsam mit den Brandenburgern, Rügen zu erobern. Ein Jahr später unternahmen sie einen erneuten Versuch. In Stralsund erkannte man die Gefahr, die auch der Stadt drohte, und entsandte Abgesandte nach Bergen an den Generalgouverneur Graf Königsmark. Ihn ersuchte man, Gegenmaßnahmen einzuleiten. Aus den angeführten Gründen wird noch einmal die Bedeutung der Insel für die Stadt deutlich: *Wofern Ruigen verlohren gehen sollte / auch die Stadt Stralsund ein grosses wurde verloren haben,* da sich dort viele Güter befänden und die Insel außerdem die Nahrungsgrundlage für die Stadt darstelle. Zudem sei zu befürchten, dass Soldaten und Bürger von Rügen in die Stadt kommen und die Vorräte noch weniger reichen würden. Schließlich sei die Einnahme Rügens durch den Feind mit der Beendigung des Fischfanges verbunden, *woran ein grosses bey diesen Zeiten gelegen.*

Karte von Schwedisch-Pommern einschließlich Rügen aus dem Jahr 1761

DITIONES SVECICAS exhibens Auspic. Acad. Reg. Scient. Berol. Anno 1761.
XXXI
SEE
WITTOW
Trumper Wick
FURST:
Bergen
RUGEN
Putbus
Vilm
Das neue Tieff
Greifswalde
Wolgast
USEDOM
XXXI

Mit Ausnahme der Schanze an der Alten Fähre mussten die Schweden die Insel jedoch aufgeben. Der schwedische Vorstoß unter Graf Königsmark Anfang Januar 1678, Rügen zurückzugewinnen, war erfolgreich. Aber bereits im Sommer landeten brandenburgische und dänische Truppen, sodass die Schweden die Insel nochmals verlassen mussten. Erst durch die Friedensschlüsse von Lund und Fontainbleau vom 2. und 26. September 1679 gelangte Rügen wiederum an Schweden.

Die Insel war auch Anlandegebiet für schwedische Truppen. So kamen beispielsweise während des Nordischen Krieges am 8. Dezember 1711 6000 Mann aus Schweden an, die auf Wismar, Stralsund und Rügen verteilt wurden. Nach der schwedischen Niederlage bei Poltawa verlagerten sich die Auseinandersetzungen zwischen Schweden und den alliierten Truppen nach Pommern. Das bekamen die Inselbewohner mehrfach dadurch zu spüren, dass die Alliierten die Insel erobern wollten und die Schweden diese mit allen Mitteln verteidigten.

Am 8. August 1715 gab es vor der rügenschen Küste ein Seegefecht zwischen Schweden und Dänen, bei dem beide Seiten Verluste erlitten. Der schwedische König Karl XII. hatte der Auseinandersetzung von den Kreidefelsen im Norden der Insel zugeschaut. Seit jener Zeit wird dieser Platz als „Königsstuhl" bezeichnet.

Von 1716 bis 1720 gehörten Rügen wie auch Schwedisch-Pommern zu Dänemark. Der Friedensvertrag zu Frederiksborg vom 3. Juli 1720 regelte die Rückgabe der Insel an Schweden.

Die Rüganer trugen dem neuen und alten Landesherren Schweden gleich einen Wunsch vor. Sie wollten in Streitfällen wieder nach alter Sitte von einem aus ihrer Mitte gerichtet werden. Diesem Wunsch wurde entsprochen und 1721 das rügensche Landvogteigericht in Bergen eingerichtet. Hermann Alexander von Wulfradt hieß der erste Landvogt.

Die zweite Hälfte des 18. Jahrhunderts verlief für die Inselbewohner wesentlich ruhiger als die Jahrzehnte davor. Erst zu Beginn des 19. Jahrhunderts, als die Truppen des napoleonischen Frankreich Schwedisch-Pommern besetzten, gab es wieder unruhige Zeiten.

Als Bestandteil Schwedisch-Pommerns erhielt Rügen schließlich im Jahre 1815 mit Preußen einen neuen Landesherren.

Auf der Insel gibt es eine Reihe von Sehenswürdigkeiten, die eng mit der Schwedenzeit verknüpft sind.

Zu den markantesten gehört zweifellos Schloss Spyker. Der Generalgouverneur von Schwedisch-Pommern, Carl Gustav Wrangel, erhielt es am 3. Juli 1649, nachdem die Vorbesitzerfamilie von Jasmund ausgestorben war, für seine Verdienste im Dreißigjährigen Krieg als Lehen. Durch Um- und Anbauten sowie die Errichtung neuer Hofgebäude entstand die heutige Form. Anstelle der weißen Farbe trat 1662 der typisch rote Anstrich. Beeindruckend im Inneren sind die eingebrachten Stuckdecken.

1652 wurde Wrangel auch Patron der Bobbiner Kirche, die unweit Spyker zu finden ist. Auch deren Innenraum ließ er verändern. Die Kanzel entstand 1662, der Altar 1668.

In die Schwedenzeit fällt der Beginn der Entwicklung von Putbus. Neben Heiligendamm ist es der älteste deutsche

Schloss Spyker

Schloss Putbus

Bade- und Kurort. Den Grundstein hierzu legte 1808 der ein Jahr zuvor in den schwedischen Adelsstand erhobene Wilhelm Malte von Putbus. Als Vorbild diente das englische Bath. Während der *Circus* noch erhalten ist, wurde das Schloss 1960 gesprengt. Übrig geblieben ist glücklicherweise die Orangerie.

STRALSUND

Als im Herbst 1627 der Pommernherzog Bogislaw XIV. die Franzburger Kapitulation unterschrieb, zählte zu den Betroffenen auch Stralsund. Das Land sollte kaiserliche Truppen aufnehmen. Dies wurde von den Sundischen abgelehnt. Langwierige Verhandlungen führten zu keiner Lösung. Daraufhin lautete der Entschluss auf kaiserlicher Seite, die Stadt mit militärischen Mitteln zum Nachgeben zu zwingen. Im Mai 1628 wurde mit der Belagerung begonnen. In dieser Situation erbat der Rat bei den Königen von Dänemark und Schweden Hilfe. Diese wurde, wenn auch nicht ganz uneigennützig, umgehend gewährt. Im Zusammenspiel von dänischen, schwedischen und geworbenen städtischen Soldaten konnte die Belagerung abgewehrt werden. Der kaiserliche Feldherr Wallenstein erlitt vor Stralsund eine empfindliche Niederlage. Die Schweden nutzten diese für sie günstige Situation, um einen Fuß auf deutsches Festland zu stellen. Nach schwierigen Verhandlungen schloss der schwedische König

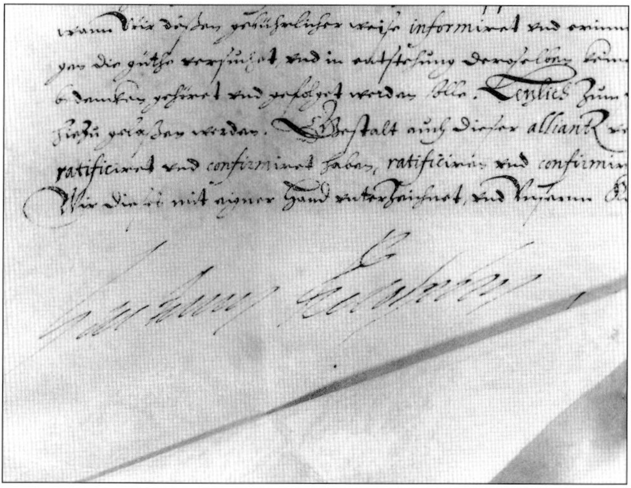

Unterschrift Gustav II. Adolfs unter dem Allianzvertrag

mit Stralsund einen Allianzvertrag auf 20 Jahre ab. Darin wurden ihm unter anderem der Durchzug von Truppen und das Werben von Soldaten gestattet. Gustav II. Adolf selbst traf im September 1630 in der Stadt ein. Die Bevölkerung jubelte ihm zu. Nach dem Empfang durch den Rat offerierte er diesem seine Forderung. Stralsund sollte dem König 100 000 Reichstaler für die Fortsetzung seiner Aktivitäten zahlen, konnte aber nur 30 000 Reichstaler aufbringen. Den Rest stellten dem Monarchen Ratsherren und Kaufleute gegen die Versicherung zur Verfügung, für ihr Geld fürstliche Domanialgüter zu erhalten. Die Abmachung wurde beiderseits eingehalten. Auf eines drang der König noch, die Verbesserung der Befestigungsanlage. Das war für Stralsund wieder mit zusätzlichen Ausgaben verbunden, zumal die geworbenen Soldaten auch noch zu bezahlen waren. In dieser Situation griff der Rat zu einem besonderen Mittel. Anstel-

Büste von Gustav II. Adolf im Stralsunder Rathausdurchgang. Sie wurde anlässlich seines 300. Todestages aufgestellt.

le von Münzen brachte er *Restzettel* in Umlauf. Damit gab es in Stralsund das erste deutsche Papiergeld.

Die Stralsunder hatten sich durch die Bindung an Schweden auch vom Landesherren und den Landständen entfernt, beispielsweise besuchten sie keine Landtage mehr. Den Beweis ihrer neuen Zugehörigkeit demonstrierten sie 1636. Der Kaiser bot der Stadt die Reichsfreiheit an, würde sie sich von Schweden abwenden. Der Rat lehnte den Vorschlag mit Hinweis auf den Allianzvertrag jedoch ab. Die Schweden reagierten auf den kaiserlichen Vorstoß, indem sie zunächst mehr Militär nach Stralsund beorderten. Außerdem wurde eine neue Ordnung für die Garnison in Kraft gesetzt. In einer Dienstanweisung für den Gouverneur Axel Lillje aus dem Jahre 1638 ist festgeschrieben, worum es Schweden in Bezug auf Stralsund ging und wie er sich daher zu verhalten habe: der Stadt mit aller Freundschaft begegnen, dafür sorgen, dass die Garnison in Stralsund verbleibt, und schließlich ein wachsames Auge darauf haben, dass es zu keinen heimlichen Verhandlungen zwischen dem Feind und der Stadt kommt, um diese für die Durchsetzung der eigenen Politik weiterhin nutzen zu können.

Dank schwedischer Fürsprache gehörte Stralsund zu den fünf Kommunen, die an den Friedensverhandlungen in Münster und Osnabrück beteiligt waren. In deren Endphase kam es dann sogar noch einmal zur Verlängerung des Allianzvertrages. Mit Abschluss des Westfälischen Friedens war Stralsund rechtskräftig eine schwedische Stadt geworden. Der Rat versuchte nun mehrfach, die Sonderstellung der vergangenen 20 Jahre zu bewahren. Dazu diente 1649 auch die Entsendung einer eigenen Abordnung nach Stockholm, obwohl die pommerschen Landstände gleichfalls angereist waren. Auf dem Verhandlungsweg suchte man die Rechte der Stadt zu sichern und zum Teil sogar zu erweitern. Ersteres gelang. Letzteres blieb erfolglos. Der Grundtenor der königlichen Antwort sagte aus, dass Stralsund zu Pommern gehöre und deshalb alle Lasten mitzutragen habe. Der schwedische König Karl X. Gustav erklärte 1656, die Politik gegenüber der Stadt so weiterzuführen wie seine Vorgänger, weil ihre strategische Lage es verlange, *auf gutem Fuß mit ihr zu stehen.*

Die Jahre der Vormundschaftsregierung für den minderjährigen König Karl XI. verliefen für Stralsund erfolgreich. Handel und Schifffahrt nahmen zu, die Bevölkerung wuchs an: ein gutes Klima für einen wirtschaftlichen Aufschwung. Doch dieser geriet ins Stocken, als sich die schwedische Politik auf Frankreich orientierte, weil es von hier Gelder bekam, wofür als Gegenleistung notfalls militärische Hilfe gegeben werden musste. Diese Situation trat ein, nachdem sich der brandenburgische Kurfürst Friedrich Wilhelm am Rhein gegen Frankreich gestellt hatte. Zwischen 1672 und 1674 hielten sich bereits drei schwedische Regimenter in der Stadt auf, die zusätzliche Ausgaben von 162 090 Mark sundisch forderten. Nach der durch Schweden 1675 verlorenen Schlacht bei Fehrbellin zogen sich dessen geschlagene Soldaten in Richtung Stralsund zurück und brandenburgische Truppen setzten ihnen nach. Ein städtisches Schreiben kennzeichnet die Situation: *das Flüchten aus dem Lande hierher ist unbeschreiblich, und wird Alles in die festen Städte gebracht; hier ist solche Perplexität, daß man an keinen Handel denkt.* Die Konzentration so vieler Menschen brachte große Probleme mit sich. Die Soldaten achteten das Eigentum der Bürger nicht, die Provianthäuser waren leer und der Handel, die Haupteinnahmequelle, konnte nicht durchgeführt werden. Im Oktober 1675 stand der Kurfürst von Brandenburg vor der Stadt. Am 13. des Monats vereinigte er sich mit der Armee des Königs von Dänemark. Die Jahreszeit und die materiellen Voraussetzungen ließen aber eine Belagerung nicht zu, deshalb zogen die Truppen wieder ab. Doch es sollte für die Stadt trotzdem noch unangenehmer werden. Der neue Generalgouverneur und ehemalige Stralsunder Stadtkommandant, Graf Königsmark, begann mit der Reorganisation der Truppen. Ende 1676 hielten sich etwa 14 000 Soldaten bei Stralsund und auf Rügen auf, die versorgt werden mussten.

Im Oktober 1677 traf in der Stadt ein Schreiben des dänischen Königs und des brandenburgischen Kurfürsten ein. Darin hieß es, der Inhalt sei dem Kaiser bekannt und er unterstütze ihn. Worum ging es? Stralsund wurde wieder die Reichsunmittelbarkeit angeboten, dies aber nur, wenn man sich von Schweden abwenden und keine schwedischen Truppen mehr aufnehmen würde sowie sie nicht mehr mit Lebensmitteln und Munition versorge. Die Antwort des Rates lautete: [...] *daß sothanes Begehren / als Raths- und Bürgerschaft Pflichten zuwider / und nicht in dero Kräften stünde.*

Immer häufiger zeigten sich feindliche Soldaten vor der Stadt und verübten Anschläge. Dies beunruhigte die Bevölkerung vor allem deswegen, weil sie der Meinung war, dass nicht genug zur Verteidigung getan worden sei. Nach der Landung dänischer und brandenburgischer Truppen im September 1678 auf Rügen war die Stadt stark gefährdet. Dazu trug der Rückzug der Schweden von Rügen sowie dem Dänholm und damit die Aufgabe wichtiger strategischer Plätze bei. Am 20. September feuerten brandenburgische Kanonen erstmals vom Dänholm auf die Stadt. Fünf Tage später stand der Kurfürst vor Stralsund und nahm in Lüdershagen sein Hauptquartier. Er verfügte über 21 500 Soldaten und 80 Geschütze. In dieser kritischen Situation reagierte die Stadt abweisend auf schwedische Forderungen, die der Verteidigung dienen sollten. Der Grund hierfür lag in dem immer größer werdenden Misstrauen zwischen der Bevölkerung und den schwedischen Vertretern. In aller Eile wurden noch Verbesserungen an den Festungswerken vorgenommen. Da die Feuerkraft der Geschütze immens gewachsen war, hätten allerdings viel eher vorgezogene Verteidigungsanlagen errichtet werden müssen. Der starken brandenburgischen Streitmacht standen nur 6000 Soldaten und kampffähige Bürger gegenüber. Auf brandenburgischer Seite wurde trotz Beschuss der Ausbau der Stellungen fortgesetzt.

Am 5. Oktober brachte ein Bauer ein Schreiben des Kurfürsten in die Stadt. Darin forderte er den Rat zu Verhandlungen auf. Im Weigerungsfall wurde ein Bombardement angedroht. Das Antwortschreiben des Rates verwies darauf, dass er keine Verhandlungen führen könne, da die Stadt mit Militär belegt sei. Gleichzeitig bat er, mit den Feindseligkeiten innezuhalten, da der Friede vor der Tür stehe. Auch Gene-

Oben: Königlich Schwedischer Seraphinenorden, Kleinod mit Band;
unten: Detail einer Batterieschlosspistole, um 1700
(jeweils Kulturhistorisches Museum Stralsund)

ralgouverneur Königsmark richtete ein Schreiben an den Kurfürsten. Darin machte er darauf aufmerksam, dass nur er und nicht die Stadt Ansprechpartner sei. Sollte es zu einem Beschuss kommen, erwarte er von den Brandenburgern, dass diese nur die Befestigung und die Wälle, aber nicht die Häuser und Bürger angreifen würden. Die Antwort des Kurfürsten war eindeutig: [...] *er werde den Herrn Grafen noch den Rat ferner mit Briefen belästigen; was aber den schließlichen Antrag des Herrn Grafen betreffe, so wisse derselbe wol, daß man eine abgeschossene Kugel nicht in der Hand habe, übrigens es Kriegsraison sei, einer feindlichen Stadt so hart als möglich zuzusetzen.* Damit war das Schicksal für Stralsund besiegelt.

Am 10. Oktober 1678 begann gegen 22.00 Uhr das Bombardement. Eine halbe Stunde später sorgte ein sich schnell ausbreitendes Feuer für weitere Gefahr. Eine herkömmliche Brandbekämpfung war nicht möglich. Die Menschen versuchten ihr nacktes Leben zu retten. Den Soldaten wurde später vorgeworfen, dass sie sich nicht an der Brandbekämpfung beteiligt hätten, sondern plündernd durch die Stadt gezogen seien. Am Morgen des 11. Oktober wehten gegen 6.00 Uhr weiße Fahnen auf den Wällen. Dies deutete der Kurfürst als Zeichen für Verhandlungsbereitschaft und ließ den Beschuss einstellen. Die Fahnen waren aber von den Bürgern gesetzt worden, die schwedische Besatzung hingegen dachte nicht an Aufgabe. Als der Kurfürst bemerkte, dass die Kampfpause in der Stadt zu Löscharbeiten genutzt wurde, setzte er gegen 9.00 Uhr den Angriff fort. Gegen Mittag ersuchte ein Parlamentär um Einstellung des Bombardements, da die Stadt eine Abordnung zu Verhandlungen entsenden wolle. Diese hatte aber keine Vollmachten des Generalgouverneurs, sodass sie unverrichteter Dinge wieder umkehren musste. Gegen 14.00 Uhr setzte der Beschuss erneut ein. Da die Zerstörungen in der Stadt immer größer und die Vorräte an Lebensmitteln sowie Munition immer kleiner wurden, entschied Königsmark sich, gegen 17.00 Uhr einen Parlamentär zu den Belagerern zu schicken, um die Kapitulationsbereitschaft mitzuteilen. Kurfürst Friedrich Wilhelm hatte sein Ziel erreicht. Am 15. Oktober kam es zur Unterzeichnung der Übergabebedingungen. Die Schweden konnten mit allen militärischen Ehren abziehen. Städtisches Geschütz und Kriegsmaterial übernahmen die Brandenburger. Auch die Stadt schloss einen Vertrag mit dem Kurfürsten. Darin wurden ihr alle Privilegien, Rechte und Jurisdiktion zugesichert sowie das Plündern verboten und materielle Hilfe beim Neuaufbau versprochen.

Die schwedischen Soldaten zogen am 18. Oktober ab, der Kurfürst hielt am 20. Oktober 1678 seinen Einzug und feierte ein rauschendes Siegesfest im Rathaus. Doch bereits am 9. Juni 1679 legte der in St. Germain zwischen Frankreich, Schweden und Brandenburg unterzeichnete Friedensvertrag fest, dass *Se. Churfürstliche Durchlaucht zu Brandenburg Ihrer Königl. Majestät von Schweden alles wieder abzutreten, und wieder zu geben habe, was durch Dero Waffen in Pommern erobert worden, in specie die Städte Stralsund und Stettin.*

Am 10. November 1679 kehrte Graf Königsmark als Gouverneur zurück und hatte der Stadt auf königlichen Befehl Gewehr und Stadtschlüssel abzunehmen. Ein Stück städtischer Selbstständigkeit ging damit verloren. Die Hoffnung auf eine baldige Besserung der Situation wurde durch einen verheerenden Brand in der Mittagszeit des 15. Juni 1680 zerstört. Ein historischer Tiefpunkt in der Stadtgeschichte war erreicht. In den folgenden Jahren hätte verstärkt der Wiederaufbau betrieben werden müssen. Die Quellen sprechen aber eine andere Sprache. Eine stark dezimierte Bevölkerung produzierte und konsumierte weit weniger als zuvor. Handel und Schifffahrt, Indikatoren der Leistungsfähigkeit der Kommune, schwächelten. Nur wenige neue Bauten entstanden nach den Ereignissen von 1678/1680.

Am 8. März 1700 erklang auf dem Stralsunder Markt der Ruf: *Vivat, vivat Carolus XII.* Dieser Ausruf durch die Stralsunder nach der Huldigung für den neuen Schwedenkönig mag deren Wunsch nach einem erfolgreichem Neuanfang entsprungen sein. Ein neues Jahrhundert, ein neues Glück?

Wenn auch nicht ganz nach dem Geschmack und Willen des Rates, kam es 1706/07 zur Aufnahme der Stadt durch schwedische Landvermesser. Es entstand eine Beschreibung der sozialen und topographischen Verhältnisse in Stralsund, die ihresgleichen sucht.

Die Siege Karl XII. im Nordischen Krieg wurden auch in Stralsund gefeiert. Soldatenwerbungen und Kriegssteuern machten jedoch deutlich, dass die Stadt direkt vom Waffengang betroffen war.

Anderes allerdings traf die Bürger weit schlimmer. Vom Januar bis zum Juli 1709 starben 600 Kinder an Pocken. Ein Jahr später traten im August die ersten Erkrankungen an der Pest auf. Einige tausend Stralsunder verloren in den nächsten Monaten ihr Leben. Am 26. April 1711 wurde in allen Kirchen das Ende der Epidemie gefeiert.

Der nächste Schicksalsschlag ließ aber nicht lange auf sich warten. Am 7. September 1711 standen sächsische, russische und dänische Truppen vor der Stadt, um diese einzunehmen. Dies gelang in Ermangelung schwerer Artillerie und in Anbetracht der Jahreszeit jedoch nicht. Die Feinde nahmen ihr Winterquartier in Stadtnähe, sodass sich eine latente Gefahr ergab. Im nächsten Jahr belagerte man Stralsund nicht, sondern führte einen ergebnislosen Stellungskampf. Die militärische Umklammerung hatte selbstverständlich negative Auswirkungen auf den Handel und die Wirtschaft, hinzu kamen die immer mehr ansteigenden finanziellen Forderungen der schwedischen Regierung. Am 22. November 1714 traf der Schwedenkönig Karl XII. nach seinem berühmten Ritt in Stralsund ein. Er gab der Stadt die Torschlüssel zurück, bestätigte ihre Privilegien und entband sie von gewissen Steuern. Das nährte Hoffnungen auf eine positive Entwicklung. Doch die reale Situation ergab ein anderes Bild. Die sofort eingeleiteten Arbeiten an den Befestigungsanlagen, das Exerzieren neu geworbener Soldaten und die intensiven diplomatischen Aktivitäten wiesen auf einen Entscheidungskampf Karls mit seinen Gegnern hin. Anfang Juli 1715 gelangte die Nachricht nach Stralsund, dass der Feind in *Pommerland* einmarschiere. Am 14. Juli standen die Dänen vor der Knieperfront, die Preußen vor dem Tribseerwerk und die Sachsen vor der Frankenfront. Damit war die Stadt isoliert. In

Darstellung der Flucht Karl XII. aus Stralsund im Dezember 1715

Stralsunder Fayence aus dem 18. Jahrhundert
(Kulturhistorisches Museum Stralsund)

den nächsten Monaten blieb es allerdings ruhig. Als im Oktober schwere Artillerie für eine Belagerung herangebracht wurde, kam Bewegung in die Situation. Es gab den ersten Schusswechsel. Die Lage für Stralsund wurde aussichtslos, als Karl XII. verwundet die Insel Rügen aufgeben musste und in die Stadt zurückkehrte. Am 17. Dezember hatten die feindlichen Kräfte das Frankenwerk erobert und die Kanonen auf das Tor gerichtet. Nun willigte der Schwedenkönig in Verhandlungen zur Übergabe Stralsunds ein. In der Nacht vom 21. zum 22. Dezember 1715 verließ er auf abenteuerliche Weise über den gefrorenen Sund die Stadt, die am 23. Dezember übergeben wurde. Nach einer Übereinkunft mit dem Preußenkönig bekamen die Dänen Stralsund zugesprochen. Durch den Friedensvertrag zu Frederiksborg vom 3. Juli 1720 erhielt Schweden allerdings Rügen, Wismar, Vorpommern bis an die Peene und somit auch Stralsund von Dänemark zurück.

Der Nordische Krieg hatte Stralsund abermals schwer getroffen. Handel und Schifffahrt erholten sich nur langsam. In die Phase eines leichten Aufschwungs fiel auch das Entstehen der ersten *Manufakturen* beziehungsweise *Fabriquen*. Neben einer Amidommacherei (Stärkefabrik) entstanden eine Spielkartenfabrik, eine Wollmanufaktur, eine Fayencemanufaktur, eine Tabak-Fabrik, eine Spiegel-Fabrik, eine Möbel-Fabrik und eine Weißgerber-Fabrik. Nur kurzzeitig hielten sich eine Siegellack-Fabrik, eine Salzsiederei, eine Salpetersiederei, eine Kunstblumen-Fabrik, Korkschneidereien und eine Likör-Fabrik. Gerade Letzteren hatte das Fehlen von Gesetzen zur Unterstützung der neuen Unternehmen sehr geschadet. Die 1739 in Schweden erlassenen Gesetze für Manufakturen wurden leider für Schwedisch-Pommern nicht übernommen. Außerdem hatte der Stralsunder Rat den Adligen aus dem ländlichen Umfeld die Beteiligung an den neuen Betriebsformen untersagt.

Mit dem trotzdem einsetzenden wirtschaftlichen Aufschwung gingen auch äußerliche Veränderungen einher. So errichtete Cornelius Loos zwischen 1726 und 1730 das spätere Regierungspalais an der Badenstraße. Um gegen feindliche Angriffe besser geschützt zu sein, wurden die Schanzen vor dem Knieper-, dem Tribseer und dem Frankentor ausgebaut. Am Alten Markt ließ man auf Rechnung der Stadt ein neues Kommandantenhaus errichten, das im Dezember 1750 fertig gestellt war.

Das geistige Leben erfuhr gleichfalls einen Aufschwung. Dafür stehen regelmäßige Theateraufführungen, das Erscheinen der Zeitung NEUESTE WELTBEGEBENHEITEN seit 1762, aus der wenige Jahre später die STRALSUNDISCHE ZEITUNG werden sollte, desgleichen die testamentarische Schenkung der Löwenschen Sammlung an die Stadt (Axel Graf von Löwen war schwedischer Generalgouverneur in Stralsund von 1748 bis 1766) und auch die Tatsache, dass 1762 die große schwedische Freimaurer-Landesloge die *Johannisloge zur Eintracht* in Stralsund gründete.

Der Siebenjährige Krieg, 1756 bis 1763, brachte im Gegensatz zu seinen Vorgängern keine gravierenden Einschnitte, auch wenn es zu zwei Blockaden der Stadt kam. Am Ende des 18. Jahrhunderts verschlechterten sich trotzdem die Lebensbedingungen in Stralsund. Schuld daran war unter anderem eine Missernte im Jahr 1795.

Waren es bisher die Schweden und für fünf Jahre die Dänen, die Stralsund regierten, kamen am 20. August 1807 erstmals die Franzosen als neuer Herr in die Stadt. Das französische Intermezzo endete allerdings bald und die Schweden kehrten noch einmal zurück.

Doch die in der europäischen Auseinandersetzung mit dem französischen Kaiser Napoleon in Wien diskutierte und in Verträgen 1815 festgeschriebene Nachkriegsordnung hielt auch für Schwedisch-Pommern und somit für Stralsund eine Neuerung parat – fortan gehörte die Stadt zum Königreich Preußen.

Auch in der Umgebung von Stralsund finden sich Erinnerungen an die Schwedenzeit.

Das barocke adlige Fräuleinstift in Barth zum Beispiel entstand in der Regierungszeit Friedrich I. nach dem Nordischen Krieg.

Oben: Schwedisches Regierungspalais an der Stralsunder Badenstraße; unten: Schwedische Kommandantur am Alten Markt in Stralsund

Blick in den Hof des einstigen Fräuleinstiftes in Barth

In Born vermittelt das Forst- und Jagdmuseum einen Einblick in den Aufbau einer geordneten Forstwirtschaft durch Schweden im 18. Jahrhundert.

Generalgouverneur Graf Meyerfeldt ließ in Nehringen in der ersten Hälfte des 18. Jahrhunderts eine prächtige barocke Gutsanlage bauen. Die zugehörige St.-Andreas-Kirche ist bereits wieder saniert worden.

Der Dreißigjährige Krieg begann für Wismar in den Abendstunden des 10. Oktober 1627, als kaiserliche Truppen unter Oberst Arnim in die Stadt einrückten. Es dauerte bis zum 31. August 1631, ehe sich etwas Wesentliches an der Situation änderte. An diesem Tag schlossen schwedische Truppen den Ring um Wismar. Doch erst am 7. Januar 1632 kapitulierte die Festung und fünf Tage später verließen mit klingendem Spiel die letzten kaiserlichen Truppen unter Oberst Gramb die Stadt. Die im Hafen liegenden Kriegsschiffe wurden schwedische Beute. Die Bemühungen des mecklenburgischen Herzogs, Wismar wieder zurückzuerlangen, blieben erfolglos.

Um die Stadt zu sichern, setzten die Schweden die von Wallenstein begonnenen Arbeiten an den Befestigungsanlagen fort. Dazu zählten unter anderem die Schaffung von Wassergräben vor der alten Ringmauer, der Bau einer Zitadelle auf dem Weberkamp – auch Neues Werk genannt –, die Errichtung mehrer Bastionen an der Reiferbahn und die Anlage gedeckter Wege im Umfeld der Stadttore.

Wappen des Schwedenkönigs Karl XII. am Zeughaus in Wismar

Die Bestimmungen des Artikel X des Westfälischen Friedens banden Wismar völkerrechtlich an Schweden. Der König bestätigte alle städtischen Privilegien. Dies bedeutete zum Beispiel, dass Wismar sämtliche örtlichen Angelegenheiten selbst regeln durfte.

In der Stadt wurde im Mai 1653 eine wichtige Einrichtung für die schwedischen Gebiete auf deutschem Boden eingeweiht, das *Königlich-Schwedische Tribunal*. Es fand seinen Sitz im Fürstenhof. Diesen hatte Mitte des 16. Jahrhunderts der mecklenburgische Herzog Johann Albrecht I. im Stil der italienischen Renaissance errichten lassen. Die drei Geschosse werden durch figürliche Friese voneinander geschieden. Die Werksteinfriese schildern Ereignisse des Trojanischen Krieges (Straßenseite) und das Gleichnis vom verlorenen Sohn (Hofseite). Der obere Terrakottafries zeigt Porträtmedaillons.

Wismar war nun auch für schwedische Soldaten, Handwerker und Kaufleute interessant geworden. Auf der anderen Seite zog es Wismarer Bürger nach Schweden.

Nach wenigen Friedensjahren standen 1675 dänische und brandenburgische Truppen vor der Stadt. Schweden war nach der Niederlage in der Schlacht bei Fehrbellin von den Brandenburgern bis nach Norddeutschland verfolgt worden. Der brandenburgische Kurfürst Friedrich Wilhelm und der Dänenkönig Christian IV. hatten am 15. September 1675 vereinbart, dass Wismar in dänischen Besitz übergehen sollte. Die Belagerung begann. Die schwedische Besatzung zählte knapp 2000 Mann. Durch die im November in der Stadt ausbrechende Ruhr dezimierte sich deren Zahl jedoch ohne feindlichen Angriff. Am 13. Dezember 1675 stürmten schließlich die Angreifer die Stadt, drei Tage später zog das dänische Königspaar feierlich mit seinem Hofstaat in Wismar ein. Nach einem Dankgottesdienst nahm der König im Rathaus den Treueid der Bürger entgegen. Es blieb aber nur ein kurzes dänisches Intermezzo. Laut Friedensvertrag von 1679 erhielt Schweden die Stadt zurück. Die Dänen räumten sie bis November 1680, nicht ohne sich vorher noch kräftig bedient zu haben.

Teilansicht des Fürstenhofes in Wismar (Innenhof)

Trotz des vorherigen Ausbaus der Verteidigungsanlagen hatten Dänen und Brandenburger Wismar einnehmen können. So etwas sollte nicht noch einmal geschehen. Deshalb wurde Generalquartiermeister Oberst Dahlberg mit der Neuprojektierung der Befestigung beauftragt. In den folgenden 20 Jahren erfolgte der zügige Neu- und Umbau. Die Stadt wurde unter anderem mit 18 Bastionen, die Namen berühmter Schweden trugen, umgeben. Zudem errichtete man eine weitere Zitadelle

Dahlberg entwarf für Wismar auch ein Zeughaus. Der ursprüngliche Bau von 1686, ein zweigeschossiges, zweiflügliges Provianthaus mit einem Doppeldach, zum Teil auch als Arsenal genutzt, war 1699 durch eine Pulverturmexplosion zerstört worden. Das neue Zeughaus wurde mit nur einem Dach versehen und auf neun Achsen reduziert. Dadurch ergab sich ein sehr kompaktes Erscheinungsbild. Stadtseitig erhielt es ein Prachtportal, zum Hafen wurde ein Giebel mit gekröntem Mittelrisalit errichtet. Nach 1717 sollte es gesprengt werden. Wismarer Bürger konnten es aber von Schweden kaufen und funktionierten es zum Speicher um. Durch Verträge von 1738 und 1754 übernahm die Stadt das Gebäude, hatte aber selbst keine Verwendung, so dass sie es vermietete.

Auch die in der Wismarbucht gelegene Insel – zunächst Adlerholm genannt – wurde militärisch ausgebaut, um den Hafen zu schützen. Als Wismarer Bürger und Soldaten 1628 mit der Anlage einer Schanze auf ihr begannen, nannten sie nun die Insel Walfisch, weil deren Gestalt an einen solchen Fisch erinnerte.

Wismar hatte nach Abschluss der Baumaßnahmen wohl eine der besten Befestigungsanlagen in Europa. Dass sie nicht nur militärisch gut gelungen war, sondern auch ihren Preis hatte, lässt Karl XI. Bezeichnung *Silberwälle* erkennen.

Im Nordischen Krieg sollte die Fortifikation ihre „Feuertaufe" erhalten. Bereits 1711 standen einmal mehr dänische Truppen vor Wismar. Doch brachen sie ihre Belagerung gleich zweimal ab. Ernst wurde es 1715, als Preußen und Hannoveraner zugleich angriffen. Nach zehnmonatiger Bela-

Das Zeughaus in Wismar

gerung war die Stadt so erschöpft, dass sie am 19. April 1716 kapitulierte. Die Sieger demolierten daraufhin gründlichst die gesamte neu errichtete Wehranlage. Sie hatte also trotz allem Aufwand nicht den erwünschten Erfolg gebracht.

Durch die Friedensschlüsse von 1719 und 1720 kam Wismar nochmals unter schwedische Herrschaft. Die militärische Bedeutung der Stadt war aber nun gleich null, denn der Frieden von Frederiksborg vom 3. Juli 1720 bestimmte unter anderem, dass Wismar nie wieder befestigt werden durfte.

Aus der Militär- wurde jetzt eine Zivilregierung. Dem Tribunal kam nun die Oberaufsicht über die städtische Justiz, die Ökonomie und die Polizei zu. Die städtischen Privilegien blieben aber unangetastet. An einen baldigen Aufschwung war trotzdem nicht zu denken. Die wichtigsten Einnahmequellen – der Handel und die Schifffahrt – lagen danieder. Auch im Bauwesen sah es auf Grund des Geldmangels nicht gut aus. 1725 gab es noch 205 wüste Grundstücke und rund 150 Häuser, Buden und Wohnkeller, die nicht bewohnbar waren. Ein Zeitgenosse berichtet 1726, dass in Wismar nichts *als die Poberthe* (Armut) herrsche, *welche in völligem Anwachß* sei. Und 1753 schildert Johann Peter Willebrandt die städtische Situation so: *Ich finde das traurige Überbleibsel einer Vestung, welche ehemals für die kostbarste und wohleingerichteste in Deutschland gehalten worden. Ich finde hier zerstreute Spuren der noch im Anfang des zweyten Decennii dieses Jahrhunderts so fürchterlichen Vestung des Wallfisches; kurz, ich sehe eine Stadt, die ob zwar nach der alten Beschreibung sich nicht mehr ähnlich siehet, dennoch viele Hochachtung verdienet. Die alten Kirchen, das Tribunal, welches durch einen Präsidenten, Vice-Präsidenten und vier Beysitzern verwaltet wird, des berühmten Mevii Büchersammlung, wie auch des bekannten Wrangels Grabmahl sind alles Sachen, welche ich in kurzer Zeit besehen können.*

Im Siebenjährigen Krieg (1756 bis 1763) wurde Wismar von preußischen Truppen erneut belagert und gebrandschatzt. Dadurch verschlechterte sich die wirtschaftliche Lage derart, dass das schwedische Tribunal den wismarschen Rat ermächtigte, unter anderem Kirchen- und Stadtgüter sowie Bürgerhäuser zu verpfänden, um einen Teil der immensen Kriegsschulden abtragen zu können.

Trotz aller Not gab es aber selbst um die Mitte des 18. Jahrhunderts Theatertruppen in Wismar. Auch das Schulwesen wurde durch Schweden gefördert, wobei man sich vor allem auf Privatschulen konzentrierte. Die dortigen Lehrkräfte unterstanden der Kontrolle durch den Rat. Dieser führte viermal jährlich und vor Einstellung Prüfungen durch. Das Interesse galt auch der Großen Stadtschule. Dies äußerte sich durch den Erlass von Schulordnungen, die Erhaltung der Gebäude und die Berufung von Lehrern.

Schwedens Situation um die Wende vom 18. zum 19. Jahrhundert war in Anbetracht der internationalen Entwicklung von Unsicherheit geprägt. Zur Sanierung der Finanzen stimmte der Reichstag 1803 einer Verpfändung Wismars an Mecklenburg auf 100 Jahre zu. Das hieß de facto, dass das nordische Königreich die Stadt aufgab.

Im Vertrag von Malmö (26. Juni 1803) wurde Wismar mit der Insel Poel und Neukloster an Mecklenburg zurückgegeben. Die Pfandsumme betrug 1 250 000 Taler Hamburger Banko bei 3 Prozent Zinseszins.

Die Stadt befand sich zum Ende der Schwedenzeit in einem sehr schlechten Zustand. Die Einwohnerzahl betrug beispielsweise 1799 nur rund 6000. In der Mitte des 15. Jahrhunderts waren es noch 8000 gewesen.

Noch heute erinnert manches an die schwedischen Jahre Wismars. So der „Alte Schwede", ein Backsteinbau aus dem 14. Jahrhundert am Marktplatz. Als hier Anno 1878 eine Gaststätte eröffnet wurde, erhielt sie in Erinnerung an die ehemaligen Herrscher den Namen „Alter Schwede". Gleichfalls eine Reminiszenz sind die Schwedenköpfe, hölzerne Figuren, die einst auf den ersten Dalben der Hafeneinfahrt in Höhe Wendorf angebracht waren und heute vor dem Baumhaus im Hafen stehen. Im Gebäude Markt 15 – heute Sparkasse – befand sich seit dem Dreißigjährigen Krieg bis zum Ende des 18. Jahrhunderts das Haus des Stadtkommandanten. Von hier aus hatte er immer einen guten Blick auf das Rathaus. Hinter diesem befand sich von 1725 bis 1786 die schwedische Post (Hinter dem Rathaus 9). Das Königlich-Schwedische Licenthaus war zeitweilig in der Großschmiedestraße 9 untergebracht.

Am Lindengarten steht noch heute der Alte Wasserturm. Er stammt aus der zweiten Hälfte des 15. Jahrhunderts, war ursprünglich Teil der schwedischen Befestigungsanlage, wurde jedoch ab 1682 in das Netz der Wasserversorgung der Stadt eingebunden. Bis 1897 speiste der Turm Wasser in das Leitungsnetz ein. Das Königlich-Schwedische Provianthaus wurde im Jahre 1690 gegenüber dem Alten Wasserturm erbaut. In den folgenden Jahrhunderten erfuhr es manche Nutzungs- und Bauveränderung. So diente es ab 1750 als Packhaus für die Waren, auf die Akzise erhoben wurde. 1870/71 nutzte man es vorübergehend für die Unterbringung französischer Kriegsgefangener. Ein Umbau zu einer Kaserne folgte in den Jahren 1881/82.

Auch in Wismars Umgebung finden sich Bauwerke, die an die Schwedenzeit erinnern. So insbesondere auf der Insel Poel. Im dortigen Schloss der mecklenburgischen Herzöge hielt sich Gustav II. Adolf bereits 1620 mit seiner Braut, Eleonora von Brandenburg, auf. Der Bau ist mittlerweile verschwunden, doch kann man in Kirchdorf weiterhin das Hornwerk jener kleinen Festung betrachten, die das Schloss und die heute noch stehende Dorfkirche umgab.

WITTSTOCK

Das nordbrandenburgische Wittstock hat mehrfach Erfahrungen mit Kriegsereignissen machen müssen. So 1631, als das schwedische Regiment Orthenburg die Stadt einnahm, und vier Jahre später, als eine nochmalige schwedische Besetzung folgte.

In die Historie eingegangen ist aber insbesondere die Schlacht am vor der Stadt gelegenen Scharfenberge. Zuvor hatte es mit dem Abschluss des Prager Friedens von 1635 eine neue Konstellation zwischen den Beteiligten am Dreißigjährigen Krieg gegeben. Samuel Pufendorf, in schwedischen Diensten stehender Geschichtsschreiber, fasste diese Situation 1686 so zusammen: *Inmassen denn auch der Krieg gantz eine andere Gestalt gewann / nicht allein darinn / dass die bißherigen Bundes-Genossen waren Feind geworden; sondern auch weil man bißhero zum Fundament des Krieges die Alliancen mit den Teutschen Ständen gehabt hatte / welche grosse Schwerigkeit verursachet / indem man nichts haupt-*

Teil der Wehranlage in Wittstock. Im Turm befindet sich heute das Museum des Dreißigjährigen Krieges.

Aufstellung der kaiserlich-ligistischen und sächsischen Armeen einerseits und der schwedischen Armee andererseits bei der Wittstocker Schlacht 1636

HLACHT.
Wittstock
Eigentliche DELINEATION des Treffens so zwischen der Keys: Ligistisch: und Chur Sachsischen und dan anders theils den Schwedischen Armeen bey Wittstock den 24 September A° 1636 vorgang
A Erster Stande der Schwedischen Battallien.
B Schwedische Battallie felde Marschalck Lesle.
C Schwedischer Rechter flugel Feldt Marschalck Banier
D Schwed: lincker flugel
F Weg wodurch der Schwed: lincker flugel den keys: in die flanc gangen.
G Erster Stande der keyserischen Batalie
H keyserischer Rechter flugel
I keyserischer lincker flugel
K Keys: Artollerie
L keys: Reduten mit wagen
M keys: Infanterie
N Ein pass zu Fretzdorff so von keys: besetzt war
P Schwedische Artollerie

sächliches vornehmen können / ohne viel disputirens / da ein jeder die Kriegs-Last von seinem Lande abzuwenden gesuchet / und wegen Privat-Absehens einer hier / der andere dort hinaus gewollt.

Die Kriegssituation sah vor der Schlacht so aus: Die Sachsen zogen gegen Mecklenburg und hatten ihr Lager bei Perleberg errichtet. Ihr Ziel bestand darin, Mecklenburg sowie Pommern einzunehmen und die Schweden zu besiegen. Um das Vorhaben erfolgreich gestalten zu können, wollte man sich mit lüneburgischen und kaiserlichen Truppen verstärken. Das hätte das Eingreifen der schwedischen Hauptarmee unter General Banér sehr schwierig gemacht. Um einer solchen Situation zuvorzukommen, zog dieser dem Feind entgegen. Der Angriff auf Havelberg und die Werber-Schanze sollte die Sachsen auf das Kampffeld locken. Die hatten mit 3500 Mann inzwischen die Stadt Brandenburg angegriffen. Die anderen sächsischen und kaiserlichen Truppen setzten sich bei Wittstock auf einer Anhöhe fest, nutzten einen Wald als Deckung, errichteten eine Wagenburg, warfen Werke auf und brachten Geschütze in Stellung. Banér wollte die Gunst der Stunde nutzen und die verminderte Zahl der gegnerischen Soldaten angreifen, bevor die unter dem Befehl von General Klitzing stehenden Truppen aus Brandenburg zurückkehrten. Deshalb ließ er am 3. Oktober 1636 eine zerstörte Brücke über einen etwa eine Meile vom feindlichen Lager befindlichen Fluss wieder herrichten und 1000 Soldaten sowie zwei Reiterregimenter nach Wernstadt übersetzen.

Am nächsten Tag folgte die Armee bis mittags auf dem selben Weg und nahm die Ausgangsposition für den Kampf ein. Auf dem rechten Flügel standen die Truppen unter den Generalen Banér und Graf Leonhard Torstenson, in der Mitte die unter Leslie und auf dem linken Flügel Jacob King und Stahlhandschuh. Zunächst musste der Wald passiert werden, bevor die Schlachtaufstellung eingenommen werden konnte. Banér ließ aus taktischen Gründen den linken Flügel um den Wald und Berg herummarschieren, mit der Absicht, dem Feind von der Seite beizukommen. Er selbst führte den rechten Flügel auf die rechte Seite des Waldes nach der Stadt, um

Der schwedische Kriegsherr Johan Banér

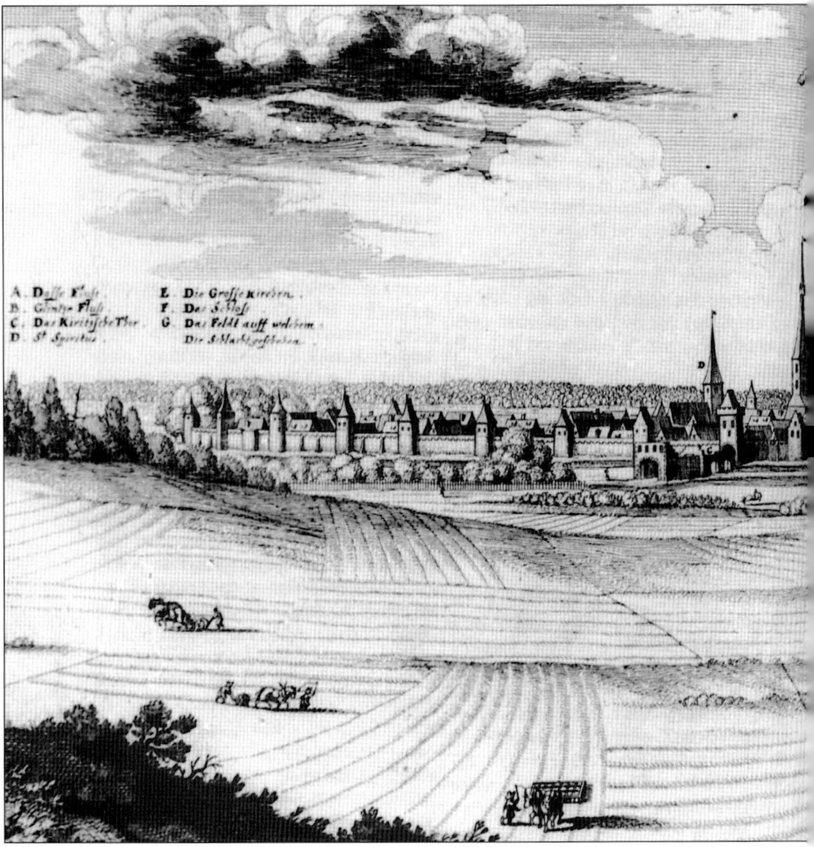

Stadtansicht Wittstocks aus dem 17. Jahrhundert

G

dem Gegner den Vorteil zu nehmen. Dieser schickte seine Reiterei durch den Wald den Schweden entgegen. Es kam zu einem erbittert geführten Kampf. Auf schwedischer Seite erlahmten die Kräfte, es gab viele Tote und Verletzte. Flucht schien der einzige Ausweg zu sein. Zum richtigen Zeitpunkt kam Leslie mit fünf Brigaden, um den rechten schwedischen Flügel zu unterstützen. Noch konnten Kürassiere den Schweden kräftig zusetzen, weil der linke schwedische Flügel nicht schnell genug um den Berg marschiert war. Am Abend aber griff er in den Kampf ein. Dieser Umstand und das Heranrücken der schwedischen Reserve schlug die Kaiserlichen und Sachsen schließlich in die Flucht. Konfusion machte sich in deren Reihen breit. Damit war, unter großen Verlusten allerdings, der schwedische Sieg perfekt, die schwedische Vorherrschaft im norddeutschen Raum gesichert.

Abermals hatten die Wittstocker unter Kriegsereignissen zu leiden, als 1675 die schwedischen Truppen nach der verlorenen Schlacht bei Fehrbellin zurückfluteten und in der Stadt schweren Schaden anrichteten. Schließlich standen 1758, während des Siebenjährigen Krieges, letztmalig schwedische Truppen für drei Wochen in Wittstock. Übergriffe wie zuvor gab es nicht, aber ein hoher materieller Schaden entstand, beispielsweise dadurch, dass 19 852 Dreipfundbrote gebacken werden mussten.

WOLGAST / PEENEMÜNDE

Nachdem der schwedische Reichstag die Teilnahme am Dreißigjährigen Krieg beschlossen hatte, begann Gustav II. Adolf im Juni 1628 seine für den Feldzug bestimmten Truppen unweit Stockholm zu sammeln. Die Abfahrt der in vier Abteilungen gegliederten Flotte verzögerte sich durch widrige Winde. Am 20. Juni begann die Überfahrt. Vier Tage später erreichte der König das Neue Tief vor Rügen. Er setzte zur Insel über, wollte dort aber nicht landen. Die Zeit für diesen Abstecher hatte Gustav Adolf, weil seine Flotte durch das schlechte Wetter bei der Überquerung der Ostsee auseinandergesprengt worden war und sich erst neu sammeln musste. Am 26. Juni segelten die Schiffe wieder gemeinsam nach Usedom weiter. Am Abend betrat der Schwedenkönig bei Peenemünde die Insel. Die dort vorhandenen Schanzen wurden von den Kaiserlichen kampflos geräumt und in Brand gesteckt. Unverzüglich begann die Ausschiffung der Mannschaften und die Errichtung eigener Schanzen, denn ein Angriff kaiserlicher Truppen war zu befürchten. Doch dieser geschah nicht. So konnten die Schweden daran gehen, die alten Schanzen wieder herzurichten und auszubauen. Nach dem Morgengebet am 29. Juni brach Gustav II. Adolf mit 20 000 Soldaten und der Kavallerie von Peenemünde auf, wo er allerdings sicherheitshalber eine starke Besatzung zurückließ. Den verbleibenden Soldaten hatte er mit Entschiedenheit verboten, sich an den ausgemergelten Bauern zu vergreifen oder Brandschatzungen vorzunehmen. Ihren notwendigen Proviant sollten sie sich aber besorgen dürfen.

Die Schweden vertrieben die Kaiserlichen von den Inseln Usedom sowie Wollin und nahmen am 28. Juli die Stadt Wolgast ein. Die kaiserlichen Soldaten im Schloss, einst Sitz des vorpommerschen Herzogs, ergaben sich am 15. August. Nun begann auch für Wolgast die Zeit der Truppendurchmärsche. 1631 kam zusammen mit neuen schwedischen Truppen auch Gustav Adolfs Gemahlin, Maria Eleonora, in die

Gustav II. Adolf mit seinen Soldaten nach der Landung bei Peenemünde

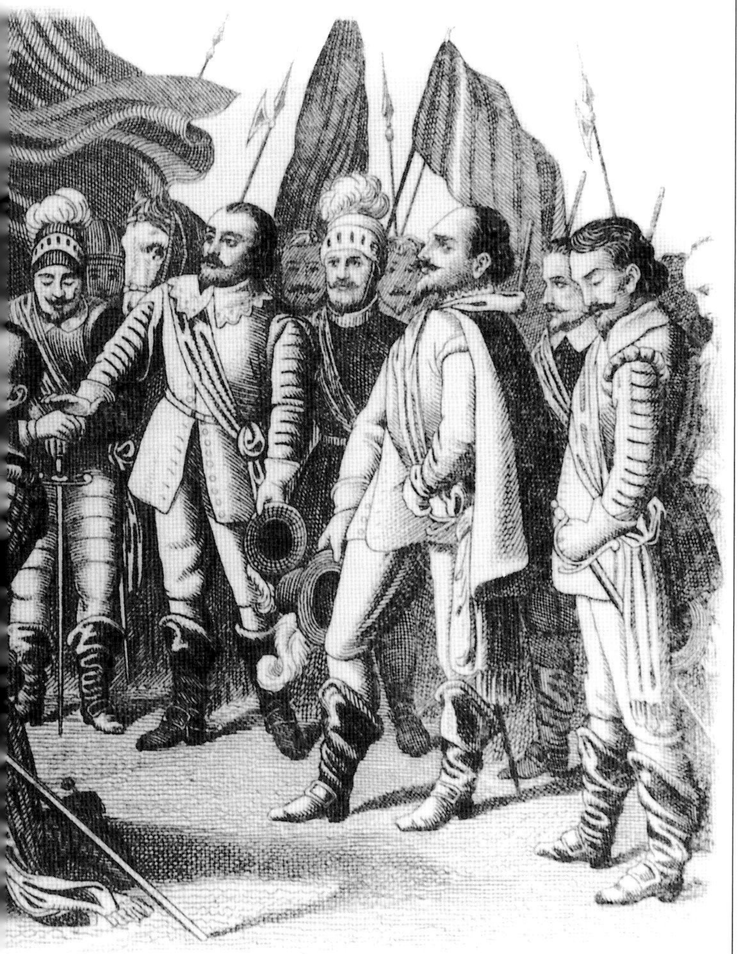

dung auf Ulm

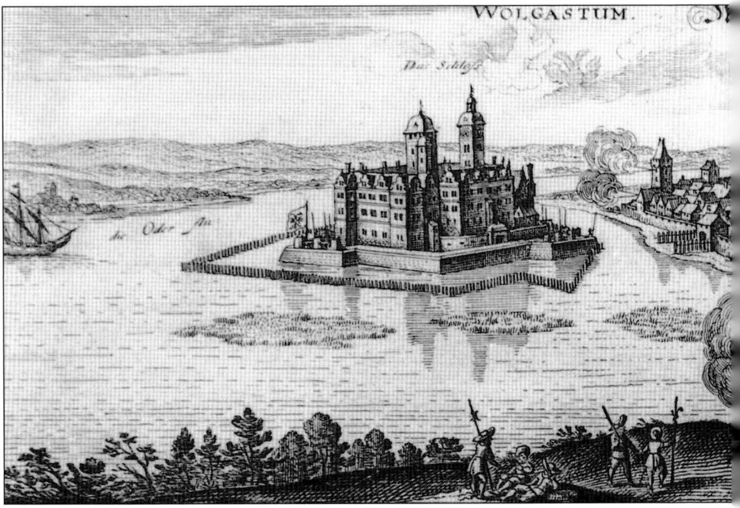

Ansicht der Stadt Wolgast mit dem Schloss der Pommernherzöge im linken Bildteil

Stadt, wo sie sich den Winter über aufhielt, ehe sie im Frühjahr in das Feldlager ihres Mannes reiste, um ihm *in seinen ansehnlichen Progressen zu gratuliren.* Ein Jahr später verlor der Schwedenkönig in der Schlacht bei Lützen sein Leben. Seine Leiche traf am 13. Juni 1633 auf dem Weg in die Heimat, von Wittenberg kommend, in Wolgast ein. Sie wurde im Saal des Schlosses aufgebahrt. Zwei Tage später hielt Dr. Jacob Fabricius eine Leichenpredigt. Er wählte die Klagelieder *Die Krone unseres Hauptes ist abgefallen. O wehe, daß wir so gesündiget haben* zum Thema. Anschließend wurde der Sarg auf ein Schiff getragen. Neben der Königin nahmen auch der Pommernherzog Bogislaw XIV. und der brandenburgische Kurfürst Georg Wilhelm an dieser Zeremonie teil. Steno Bielke, schwedischer Reichsrat, hielt an das Leichengefolge im Namen der Königin und der Krone Schwedens eine Danksagungsrede.

1637 besetzten die Kaiserlichen wiederum Wolgast. Bis zum folgenden Jahr fielen sie vor allem durch Plünderungen und Zerstörungen auf. Danach kehrten die Schweden zurück.

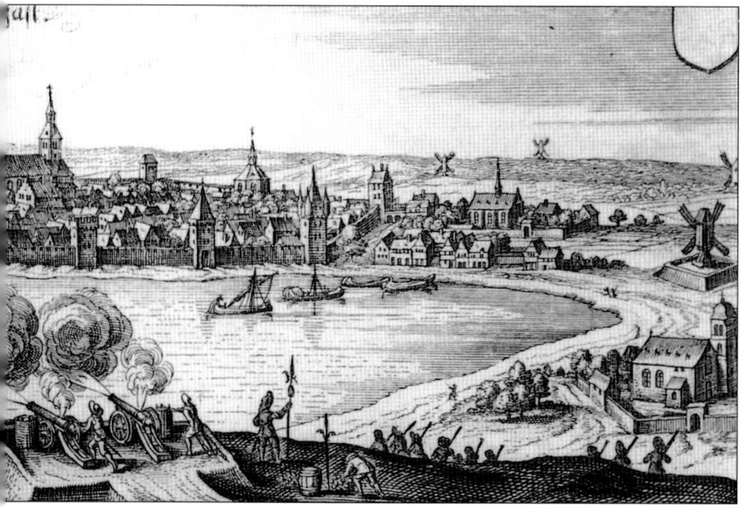

Seit dem Westfälischen Frieden von 1648 gehörte die Stadt auch offiziell zum Königreich Schweden. Im selben Jahr kam die Königinwitwe Maria Eleonora auf einige Zeit nach Wolgast und wohnte dort im Schloss. An gleicher Stelle huldigte 1663 der pommersche Adel dem schwedischen König.

Brandenburgische Truppen belagerten 1675 Wolgast. Sie beschossen die Stadt mit glühenden Kugeln und trafen damit unter anderem die Pulverkammer im Schloss. Die folgende Explosion zerstörte Teile desselben und Häuser in der Nähe. Am 13. September nahm der kurbrandenburgische General Allart Wolgast ein. Der schwedische Oberst Blixen musste ihm am 31. Oktober das Schloss übergeben. Durch den Frieden von St. Germain 1679 kam die Stadt aber wieder zu Schweden.

Der Sieg Karls XII. bei Narwa 1700 wurde in Wolgast mit einer Illumination gefeiert.

Am 11. August 1710 brach die Pest aus. Bis zu ihrem Ende im Frühjahr 1711 sollen 40 Prozent der Bevölkerung gestorben sein.

Das Wolgaster Rathaus, wieder errichtet nach dem Stadtbrand von 1713

Die Auswirkungen der schwedischen Niederlage im Nordischen Krieg bei Poltawa bekam auch Wolgast zu spüren. Die zurückflutenden schwedischen Truppen unter General Krassow zogen nach Pommern. Sie wurden verfolgt von Russen, Sachsen, Polen und Dänen. Sächsische Soldaten zogen am 1. September 1711 in die Stadt und hielten hier ihr Winterquartier. Zuvor hatten sich 60 Schweden in der Peenemünder Schanze kampflos ergeben. Peenemünde war übrigens das einzige Dorf, das Wolgast gehörte. Den Sachsen folgten 1712 einige tausend Russen, die ihr Lager nahe der Kirche St. Gertrud aufschlugen. Im Oktober zog ein Korps Franzosen unter Obrist Malencourt ein, das Ordnung hielt und die Einwohner gegen die Grausamkeiten der Russen schützte. Doch noch war der Tiefpunkt nicht erreicht.

Aus Wut über das Abbrennen von Altona durch schwedische Truppen unter der Leitung von General Stenbock am 8. Januar 1713 befahl Zar Peter I., Gleiches mit Anklam, Garz und Wolgast zu tun. Während Anklam verschont blieb, ging Garz am 16. März 1713 in Flammen auf, Wolgast wurde am 27. des Monats in Brand gesteckt. Den Bürgern, die die Stadt noch nicht verlassen hatten, gaben die Russen zwei Stunden Zeit, ihre Habseligkeiten in die Petrikirche zu bringen, da diese vom Feuer verschont bleiben sollte. Doch brannte sie schon, bevor die Stadt in Flammen stand. Vom Feuer nicht erfasst blieben nur St. Gertrud und die Armenkirche St. Jürgen. Neben den Wohnhäusern wurde auch das Rathaus ein Opfer des Brandes. In einem Schreiben des Rates an den Schwedenkönig aus dem Jahre 1715 hieß es, dass es gerade noch 50 Bürger in der Stadt gebe.

Zwischen 1713 und 1715 besetzten die Preußen laut dem Schwedter Sequestrationsvertrag die Stadt, bis diese von den Schweden kurzzeitig wieder zurückerobert wurde. Von 1715 bis 1720 gehörte auch Wolgast zum Königreich Dänemark.

Der Wille, die Stadt wieder aufzubauen, ist groß gewesen. Dazu trugen zweifelsfrei auch viele Neubürger bei. So konnte bereits 1722 eine Ratssitzung im neu errichteten Rathaus stattfinden. Durch die mittlerweile wieder schwedische Landesregierung wurden von 1725 beginnend fünf Steuerfreijahre gewährt.

Im Siebenjährigen Krieg waren sowohl die Peenemünder Schanze als auch Wolgast von den Auseinandersetzungen betroffen.

Danach setzte, wenn auch mit Schwierigkeiten verbunden, die Gesundung des Gemeinwesens ein. Dafür stehen auch die steigenden Einwohnerzahlen; 1782 zählte man 3324, 1794 3542 Einwohner.

Nachdem das Herzogsschloss schon zu einem Großteil abgetragen und als Baumaterial für neue Häuser genutzt worden war, kaufte die Stadt 1798 von der schwedischen Regierung die Ruine und deren Umgebung. Auf der Schlossinsel entstanden nun Wohnhäuser.

Am 8. Juli 1800 traf König Gustav IV. Adolf von Schweden in Wolgast ein. Ihm zu Ehren fanden eine Vielzahl von Veranstaltungen statt.

Zwischen Preußen und Schweden auftretende Spannungen waren 1806 die Ursache dafür, dass Truppen aus Schweden nach Pommern verlegt wurden. Wolgast erhielt ein Bataillon Sweaborger und ein Bataillon Westmannländer zur Einquartierung. Nach Beilegung des Konfliktes zogen die Soldaten wieder ab.

Infolge der Doppelschlacht von Jena und Auerstädt 1806 kamen viele Flüchtlinge auch nach Wolgast. Für zwei Tage waren ab dem 2. November sogar Franzosen in der Stadt. Es folgten noch einmal Schweden, die am 27. Januar 1807 Wolgast räumten. Einen Tag später trafen 60 berittene Franzosen ein. Damit begann die „Franzosenzeit" Wolgasts. Der letzte französische Kommandant verließ am 16. Februar 1813 die Stadt.

Die wiederkehrenden Schweden blieben auch nicht mehr lange. Die 1815 geschlossenen Verträge zwischen den Verhandlungsparteien führten auch in Wolgast dazu, dass die Bürger einen neuen Landesherren – den König von Preußen – erhielten. Nach der Übernahme Schwedisch-Pommerns traf der preußische Staatsminister Freiherr von Ingersleben auf der Rückfahrt von Stralsund nach Stettin in Wolgast ein. Damit war ein sichtbares Zeichen für die Zugehörigkeit zu einem neuen Land gesetzt.

Auf der Insel Usedom erinnert vor allem das aus der Renaissance stammende Wasserschloss Mellenthin an die schwedische Epoche. Die Anlage gehörte im 17. Jahrhundert Johan Oxenstierna und dessen Frau Margaretha Brahe sowie deren zweitem Mann, dem in schwedischen Diensten stehenden Markgrafen von Hessen-Homburg.

DAS INTERNETPORTAL

Weitere Informationen zur Schwedenstraße, vor allem aktuelle Hinweise zu Veranstaltungen, zu Forschungsergebnissen, finden sich unter den Adressen „www.schwedenstrasse.com“ und „www.schwedenstrasse.de“ im Internet. Dieses Portal wurde von der schwedischen Botschaft in Berlin, den Bundesländern Brandenburg und Mecklenburg-Vorpommern sowie den Städten Greifswald, Prenzlau, Stralsund, Wismar und Wittstock erarbeitet.